Lieben, Lernen, Lachen

Praxishilfen Sexualerziehung für Kinder von 6-12

Pete Sanders und Liz Swinden

Illustriert von
Pat Murray und Cecilia Fitzsimons

Verlag

an der Ruhr

Hinweise zu den Arbeitsblättern:

Jedes Arbeitsblatt in diesem Buch ist gekennzeichnet, um klarzumachen, ob es gedacht ist: für LehrerInnen:

als Kopiervorlage für SchülerInnen:

als Kopiervorlage für Erwachsenengruppen:

Impressum

Autoren:	Pete Sanders, Liz Swinden
Englische Originalausgabe:	Knowing me, knowing you, © LDA, Abbeygate House, East Road, Cambridge, CB1 1DB
Übersetzung:	Brigitte Vater, Dietrich Vater, Wilfried Stascheit
Redaktion:	Wilfried Stascheit
Illustrationen:	Cecilia Fitzsimons, Michael Hütten, Pat Murray
Layout & Satz:	Oliver Rahn
Druck:	Berlin Druck, Achim

Verlag an der Ruhr

© für die deutschsprachige Ausgabe
Verlag an der Ruhr, 1992
ISBN 3-86072-040-6

Alle Rechte der Vervielfältigung und Verbreitung, einschließlich Film, Funk und Fernsehen, sowie der Fotokopie und des auszugsweisen Nachdrucks liegen beim Verlag an der Ruhr. Die gesondert gekennzeichneten Kopiervorlagen des Buches dürfen nur für den Gebrauch in der Lerngruppe in Gruppenstärke fotokopiert werden.

Lieben, Lernen, Lachen:

Inhalt

1 | *Alles, was sie schon immer über Sexualerziehung wissen wollten ...*

Was ist Sexualerziehung? **3-4**
Sexualerziehung und die Gesetzgebung **5-7**
Der in diesem Buch vertretene Ansatz **8-9**
Übersicht über die Aktivitäten **10-20**

2 | *Es geht darum, was wir tun und wie wir es tun*

Unterrichtsstile **23-30**
Sprache und Sex **31-34**
Sexualkundeworkshop für LehrerInnen, Eltern und
Schulaufsichtspersonal **35-44**

3 | *Einfach anfangen*

Werkstatt Ideen von A-Z **47-57**
Auswertung: Und wie war es für dich? **58-61**
Erfahrungen mit BesucherInnen **62-66**

4 | *Wer bin ich, Wer bist du?*

Selbstbewußtsein und Selbstvertrauen entwickeln **68-77**
Ähnlichkeiten und Unterschiede **78-80**
Beziehungen **81**
Wünsche und Bedürfnisse **82-85**
Anderen Gefühle mitteilen **86-96**
Schutz und Gefahren **97-101**
Stereotype und Vorurteile **102-112**

5 | *Nichts bleibt so, wie es ist*

Biologische Fachsprache **114-118**
Körperteile **119-133**
Wachsen und sich Ändern -
Verantwortlichkeiten und Rollen wechseln **134-142**
Körperliche Veränderung **143-151**
Hygiene **152-154**

6 | *Was hat das alles mit Liebe zu tun?*

Die Sorgen und das Wissen der Kinder **157-161**
Sexuelle Anziehung **162-167**
Sexuelle Aktivitäten **168-174**
Zeugung, Schwangerschaft und Geburt **175-183**
Schwangerschaftsverhütung **184-190**
Geschlechtskrankheiten, HIV und AIDS **191-194**
Allgemeine Arbeitsblätter:
Meinungsbilder, Ansichten, Faktenwissen **195-205**
Haben Sie daran gedacht:
Mögliche Fragen der Kinder **206-208**

7 | *Und wenn Sie Hilfe brauchen ...*

Wie bekomme ich Hilfen? **211**
Hilfen für einen Arbeitskreis zur Sichtung von Materialien
(für LehrerInnen, Eltern und Schulaufsichtspersonal) **212-216**
Arbeitsmaterialien, Bücher, Medien **217-223**

Lieben, Lernen, Lachen:

1
Alles, was Sie schon immer über Sexualerziehung wissen wollten...

Alles, was Sie schon immer über Sexualerziehung wissen wollten

Lieben, Lernen, Lachen:

Was ist Sexualerziehung

Wenn es in der Sexualerziehung lediglich um die biologischen Funktionen ginge, dann bestünde für uns LehrerInnen die Aufgabe ganz einfach darin, bestimmte Informationen darüber weiterzureichen, auf welche Weise unser Körper funktioniert. Wir alle wissen jedoch, daß dies nicht der Fall ist. Z.B. wird in den Richtlinien und Lehrplänen für die Grundschule in NRW grundsätzlich formuliert:

> "Der Sachunterricht entfaltet notwendige Fähigkeiten und Haltungen wie Offenheit, Unvoreingenommenheit, Sachlichkeit, Kritikfähigkeit, Sorgfalt, Findigkeit, Sensibilität, Solidarität, Dialogfähigkeit und Innovationsbereitschaft. Er versetzt das Kind in die Lage, sich selbst kritisch zu sehen, sich mit den eigenen Leistungs- und Handlungsmöglichkeiten, aber auch mit seinen Grenzen zu identifizieren. So kommt es allmählich zur Selbsteinschätzung und damit zu einer Selbstsicherheit, die es befähigt, eigene Interessen zu artikulieren, Ich-Stärke zu zeigen, Konflikte friedlich und sachlich zu lösen und für andere einzutreten.

> Entsprechend dieser Sichtweise geht es in der Sexualerziehung darum, Kindern zu helfen, verantwortbare Entscheidungen in ihren Beziehungen zu anderen zu treffen. Wenn wir unsere Beziehungen zu anderen definieren, dann kommt zwangsläufig der Bereich der Selbsteinschätzung ins Spiel. Um Kindern zu helfen, ein positives Gespür für das eigene Ich zu entwickeln, wird die weitere Betrachtung Entscheidungsmöglichkeiten und Ausdrucksformen des Individuums ebenso in den Blick nehmen wie die jeweiligen Wechselwirkungen auf andere Menschen."

Werte und Haltungen

Wollen wir unter einer so skizzierten Perspektive Sexualkunde unterrichten, dann sind wir als LehrerInnen zweifellos stärker gefordert als im herkömmlichen Unterricht. Es ist nahezu unmöglich, sinnvollen Sexualkundeunterricht zu erteilen, ohne daß wir in unseren eigenen Werten, Haltungen und Tabus herausgefordert werden. Wir müssen erkennen, daß diese durch bestimmte Faktoren geprägt wurden, wie z.B. das Lebensalter, die gesellschaftliche Gruppenzugehörigkeit, das Geschlecht und die eigene Sexualität, aber auch durch den Kulturkreis, in dem wir leben. Und dann gibt es da noch die Vielzahl oder auch den Mangel eigener Erfahrungen. Für einige mag der Sex peinlich sein oder ein Geheimnis darstellen.
Andere befürchten vielleicht, daß sie sich nicht in Übereinstimmung mit gesellschaftlichen Wertvorstellungen oder mit denen ihrer Kolleginnen befinden. Viele wissen auch nicht genau, welches die angemessene Sprache zu sein hat.
Sicherlich möchte keine Lehrkraft ein Kind in Verwirrung über die "richtigen" Werte stürzen.
Aber wie sieht es aus, wenn wir eine "Norm" vertreten, die in krassem Gegensatz zum Elternhaus, zur Religion oder zur besonderen Kultur des Kindes steht? Es ist in der Tat eine heikle und schwierige Aufgabe, Kindern bei der Wahrnehmungserweiterung ihrer Umwelt zu helfen, während man gleichzeitig die Werte ihrer eigenen Welt zu respektieren sucht.

Alles, was Sie schon immer über Sexualerziehung wissen wollten

Einige sind vielleicht der Auffassung, daß dieses Fragen und Probleme sind, denen wir uns überhaupt nicht zu stellen bräuchten. Grundschulkinder seien sowieso zu jung für Sexualkunde, und dieser Bereich sollte den KollegInnen in der Sekundarstufe überlassen werden. Andere werden argumentieren, daß die Verantwortung für die Sexualerziehung grundsätzlich in den Verantwortungsbereich der Eltern und nicht den der LehrerInnen fiele!
All diesen KritikerInnen müssen jedoch wissenschaftliche Untersuchungen entgegengehalten werden, die zwischen 1982 und 1986 vom Guttmacher Institute durchgeführt wurden. Die Ergebnisse zeigen deutlich, daß die niedrigste Schwangerschaftsrate bei Teenagern in jenen Ländern vorgefunden wurde, in denen es neben einigen anderen Faktoren effektive Unterrichtsprogramme für den Sexualkundeunterricht gab (vgl. Pregnancy, Conception and Family Planning Services in Industrialised Countries; Yale University Press, 1989).

Zweifellos sind Kinder im Grundschulalter schon lange bevor sie auf die Sekundarstufe überwechseln dem Sex und der Sexualität in vielfältiger Form durch die Massenmedien ausgesetzt. Selbstverständlich benötigen SchülerInnen Hilfe beim Umgehen und Verarbeiten dieser sehr unterschiedlichen Botschaften, die täglich mit Nachdruck an sie herangetragen werden.

Auch wenn LehrerInnen es sehr viel lieber sähen, wenn die Verantwortung für die Sexualerziehung einfach in die Hände der Eltern gelegt würde, so weisen die Untersuchungsergebnisse doch eindeutig auf den Elternwunsch hin, daß Sexualerziehung in der Schule statt zu Hause stattfinden möge. Isabel Allen's Untersuchung "Education in Sex und Personal Relationship" (1987) zeigt, daß 96 % der befragten Eltern eine Übernahme der Verantwortung für diesen Bereich durch die Schule wünschten.

Einige Schulen übernehmen zwar die formale Verantwortung für die Sexualerziehung, bedienen sich bei der praktischen Durchführung jedoch außerschulischer Institutionen. Sie laden VertreterInnen des Gesundheitsamtes, SchulpsychologInnen oder ähnliche Personen ein, um in einer Stunde über das Thema zu referieren. Ein solches Vorgehen weist jedoch gravierende Nachteile auf, da es den gesamten Bereich der persönlichen Beziehungen aus dem Lernprozeß der SchülerInnen ausklammert. Menschliche Beziehungen etablieren sich in unterrichtlichen und außerunterrichtlichen Situationen, in der Schule und in jeder anderen formalen Organisation. Diese Beziehungen sind einer der größten Aktivposten des menschlichen Daseins. Wenn wir als Lehrkräfte unseren SchülerInnen diese Erkenntnis nicht ermöglichen, dann verweigern wir ihnen einen grundlegenden Teil ihres Lebens.

Genau deshalb ist Sexualerziehung in der Grundschule eine Notwendigkeit, ob wir es mögen oder nicht. Der Elternwunsch zielt darauf hin, und somit liegt die Verantwortung bei der Lehrkraft und der Schule. Obwohl es in Deutschland kaum neuere empirische Untersuchungen über Sexualerziehung in der Schule gibt, lassen doch alle Erfahrungen darauf schließen, daß auch hier die Eltern subjektive und objektive Schwierigkeiten bei der Sexualerziehung haben und daher der Elternwunsch auch hier existent ist. Zudem wäre es bei der Lebensweltorientierung vieler Lehrpläne geradezu absurd, den wichtigen Bereich Sexualität auszuklammern.

Sexualerziehung und die Gesetzgebung

Wir zitieren hier als Beispiel aus den Lehrplanvorgaben des Landes Nordrhein-Westfalen. Der Auftrag der Schule, die Rolle der Eltern und der Lehrer scheinen uns hier mit bemerkenswerter Realitätsnähe beschrieben worden zu sein:

1. Bedeutung und Stellung der Sexualerziehung in der Gesamterziehung

Eine pädagogisch sinnvolle Sexualerziehung kann nur im Rahmen einer kontinuierlichen Gesamterziehung verwirklicht werden. Sexualerziehung ist Erziehung zu verantwortlichem geschlechtlichen Verhalten. Der Anspruch der unter den gesellschaftlichen Verhältnissen der Bundesrepublik lebenden Kinder auf Erziehung und Bildung ist nur zu erfüllen, wenn auch derjenige Bereich der Persönlichkeitsbildung, der sich auf das Geschlechtliche bezieht, in Zusammenarbeit mit den Eltern in die schulische Erziehung und Bildung einbezogen wird. Dieser gemeinsame Erziehungsauftrag findet sich ausdrücklich in Artikel 8 Abs. 1 der Verfassung für das Land Nordrhein-Westfalen. Nach dieser Bestimmung hat die staatliche Gemeinschaft Sorge zu tragen, daß das Schulwesen den kulturellen und sozialen Bedürfnissen des Landes entspricht. Die Sexualerziehung als Teil der Gesamterziehung soll den Schüler befähigen, sein Leben bewußt und in freier Entscheidung selbst zu gestalten. Dabei wird eine Lebensführung angestrebt, in der die Geschlechtlichkeit als ein wesentlicher Bestandteil menschlichen Daseins anerkannt und bejaht wird, ohne daß Schwierigkeiten und Konflikte verharmlost oder bagatellisiert werden. Die menschliche Sexualität ist als positive Kraft zu sehen, die Liebe und Partnerschaft in besonderer Weise einschließt, zur Persönlichkeitsentwicklung und Selbstverwirklichung beitragen kann und die Fortpflanzung ermöglicht. Die Erziehung zur Liebesfähigkeit und zur Partnerschaft ist wesentlicher Teil der Sexualerziehung. [...]

[...]

2. Die Zusammenarbeit mit den Eltern

Von besonderer Bedeutung ist es, die Sexualerziehung in Elternhaus und Schule aufeinander abzustimmen: Die Mitwirkung der Eltern ist unverzichtbar. Von Ausahmen abgesehen, bejahen die Eltern eine familienergänzende und familienpriviligierende Sexualerziehung in der Schule. Insbesondere sind sie daran interessiert, daß neben der Vermittlung biologischer Fakten die sozial-ethische Komponente der Sexualerziehung berücksichtigt wird. Es gilt als sicher, daß die Bereitschaft der Eltern zu konstruktiver Mitarbeit in dem Maße wächst, wie die Schule um enge Kontakte und um rechtzeitige Information bemüht ist. Die Eltern sind gewiß zunächst und unmittelbar verantwortlich für die Sexualerziehung ihrer Kinder; die Schule aber ist verpflichtet, mit ihren Mitteln (Unterricht im sozialen Verband) und unter den jeweils besonderen Bedingungen (gruppenzentrierte Organisationsform) im Rahmen einer öffentlich-rechtlichen Ordnung an der Aufgabe der Sexualerziehung mitzuwirken. Das Elternrecht des Artikels 6 des Grundgesetzes und der staatliche Erziehungsauftrag des Artikels 7 des Grundgesetzes stehen nebeneinander; sie sind in Einklang zu bringen.

[...] Die Schule ergänzt die Bemühungen des Elternhauses, die sich in der Regel als Individualerziehung versteht, um die Sexualerziehung in der Klassengemeinschaft oder

---

Alles, was Sie schon immer über Sexualerziehung wissen wollten

in der Gruppe. Die Eltern müssen zu Beginn des Schuljahres im Rahmen der Klassenpflegschaftsversammlungen über die Lernziele und Inhalte der Sexualerziehung sowie über den beabsichtigten Einsatz von Medien unterrichtet werden. Sie sollen Gelegenheit erhalten, zu den sexualpädagogischen Maßnahmen der Schule Stellung zu nehmen. Bei dieser Gelegenheit sollte der Klassenlehrer darauf hinweisen, daß nicht auszuschließen ist, daß in einem Lehrerkollegium zu Einzelfragen unterschiedliche Auffassungen vertreten werden. Dennoch sollten Erziehungsstile und -methoden so aufeinander abgestimmt werden, daß ein Höchstmaß an Übereinstimmung erreicht wird.

Die Themen der Besprechung mit den Eltern sind in der Einladung bekanntzugeben. Es empfiehlt sich, einen Zeitplan über die während des Schuljahres zu behandelnde Thematik aufzustellen und diesen den Erziehungsberechtigten zu übergeben. So wird vermieden, daß die Eltern von ihren Kindern mit Fragen überrascht werden, auf die sie nicht vorbereitet sind. Zu den Klassenpflegschaftsversammlungen, die in der Regel vom Klassenlehrer und - soweit erforderlich in Anwesenheit der in der Klasse wirkenden Fachlehrer - durchgeführt werden, können sexualwissentschaftlich erfahrene Fachleute, z.B. Ärzte, Psychologen und Soziologen, zugezogen werden. Um die Eltern bei ihren Bemühungen um die Sexualerziehung ihrer Kinder zu unterstützen, sollte der Lehrer ihnen geeignete Literatur empfehlen. Einzelgespräche dienen insbesondere der Erörterung individueller sexueller Schwierigkeiten der Schüler; dabei sind die Eltern ggf. auf geeignete Therapeuten hinzuweisen.

3. Stellung und Aufgabe des Lehrers

[...]

Der Lehrer ist - auch nach der Rechtsprechung - berechtigt, die Sexualerziehung in den Unterricht einzubeziehen. Zwar sind die Eltern zunächst und unmittelbar für die Sexualerziehung ihrer Kinder verantwortlich; der Lehrer jedoch ist verpflichtet, im Rahmen seines Erziehungsauftrages auch diese Aufgabe wahrzunehmen. Nicht auszuschließen ist, daß besorgte Eltern in Wahrung ihres Entscheidungsrechts der Schule diesen Erziehungsauftrag nicht übertragen wollen, weil sie befürchten, ihr Kind nehme bei der Behandlung sexualkundlicher Inhalte Schaden an seiner seelisch-geistigen Entwicklung oder weil sie sich mit einzelnen Lernzielen und Inhalten der schulischen Sexualerziehung nicht einverstanden erklären können. Es sollte versucht werden, etwaige Bedenken dieser Art in einem offenen Gespräch zu diskutieren und nach Möglichkeit auszuräumen. Ggf. muß der Lehrer die Eltern darüber informieren, daß ein Anspruch auf Befreiung der Kinder vom sexualkundlichen Unterricht nicht besteht.

Es obliegt dem Lehrer, den Sexualkundeunterricht wissentschaftlich fundiert und methodisch durchdacht zu erteilen. Die Schüler sollen zu den Fragen der Sexualität ein sachlich begründetes Wissen erwerben. Dieses Wissen soll sie u.a. dazu befähigen, geschlechtliche Zusammenhänge zu verstehen und sich ein eigenes Urteil zu bilden. Der Lehrer ist nicht berechtigt, seinen Schülern bestimmte Werthaltungen und Normen aufzuzwingen; der Unterricht soll vielmehr zu einer alters- und umweltspezifischen, kritischen Auseinandersetzung beitragen. Der Lehrer muß unterscheiden zwischen der Wahrnehmung amtlicher Aufgaben und der Verbreitung seiner persönlichen Überzeugung.

Selbstverständlich muß es sein, sexuelle Probleme unbefangen mit dem gebotenen Takt und unter Achtung unterschiedlicher religiöser und weltanschaulicher Auffassungen zu behandeln. Es hängt wesentlich von der Art der Darstellung ab, ob durch den Sexualkundeunterricht Hilfen gegeben werden oder ob der Schüler vor zusätzliche, nicht angemessene Anforderungern gestellt wird. Das sozialintegrative Unterrichtsverfahren ist der Sexualerziehung angemessen; repressive Einwirkungen stören das Vertrauensverhältnis zwischen Lehrer und Schüler und erschweren die Lernprozesse. Einer Fiktion käme es gleich, der Individuallage jedes einzelnen Schülers gerecht zu werden. Der Lehrer sollte sich bewußt sein, daß durch zu weitgehende Information die Gefahr der Verfrühung bzw. der Überforderung gegeben ist. Den Eltern bleibt die Möglichkeit, die Wertung des Geschlechtlichen in ihrem Sinne zu beeinflussen.

[...]

Der Lehrer ist verpflichtet, sofern die von ihm vertretenen Fächer von ihrer Sachstruktur her einen Beitrag zur Sexualerziehung leisten können, im Rahmen seines Unterrichts- und Erziehungsauftrages den Sexualkundeunterricht zu erteilen. Sollte ein Lehrer in seiner Person liegende berechtigte Bedenken geltend machen, kann dieser Unterricht nach Beratung in der Lehrerkonferenz einem anderem als dem zuständigem Lehrer übertragen werden. Da die Sexualerziehung nicht an ein bestimmtes Fach gebunden ist, sind die Beiträge der verschiedenen Fächer innerhalb der Schule so aufeinander abzustimmen und zu koordinieren, daß die in den Lehrplänen vorgegebenen Lernziele erreicht werden. Daher muß die Gesamtplanung der Sexualerziehung an der Schule rechtzeitig zu Beginn des Schuljahres in der Lehrerkonferenz abgesprochen werden. Gemäß Nr. 4.1 SMVE vom 16.10.1968 ist den Schülern die Mitwirkung bei der Auswahl der Unterrichtsinhalte im Rahmen der Lehrplanrichtlinien zu ermöglichen.

In der Grundschule ist in der Regel der Lehrer für die Sexualerziehung zuständig, der den Sachunterricht erteilt. In den Klassen 5-13 der allgemeinbildenden und beruflichen Schulen übernehmen die Fachlehrer im Rahmen des Fachunterrichts die Sexualerziehung.

In Koedukationsklassen sollte der Klassenverband auch in der Sexualerziehung möglichst erhalten bleiben.

Die Behandlung *einzelner* Themen sollte je nach individuellen Voraussetzungen und Umständen differenziert werden (z.B. Onanie, Menstruationshygiene, Pollution). Dabei sollte Wünschen von Eltern und Schülern entsprochen werden."

(Quelle: Richtlinien für die Sexualerziehung in den Schulen des Landes Nordrhein-Westfalen, Düsseldorf 1975)

Der in diesem Buch vertretene Ansatz

Eingedenk der erheblichen Verantwortung wie auch Herausforderung, die die Sexualerziehung mit sich bringt, müssen wir uns sowohl das WIE (Methode) als auch das WAS (Inhalte) sehr genau überlegen. Z.B. ist es sehr schwierig, bei den Kindern Selbstachtung zu entwickeln, wenn man darüber nur im Rahmen eines Lehrervortrages doziert.

Dieses Buch folgt dem Konzept des Projektunterrichtes oder der Lernwerkstätten. Es bietet LehrerInnen sorgfältig aufbereitete praktische Ideen an, die wiederum für Kinder Angebote enthalten, handlungsorientiert und fächerübergreifend zu lernen.

Das Buch möchte praktische Wege aufzeigen, auf denen Kindern geholfen werden kann, ihre eigenen Haltungen und Werte ebenso zu verstehen, wie die anderer Menschen. Die Aktivitäten sind so konzipiert, daß sie Kindern helfen, ihre eigene physische, emotionale und soziale Entwicklung im Kontext ihrer unmittelbaren Umgebung ebenso zu verstehen wie gesamtgesellschaftliche Zusammenhänge mit all ihren kulturellen Ausdifferenzierungen. Aufgrund des Werkstattcharakters wird den LehrerInnen Hilfe angeboten bei der Weitergabe von Fakten und beim Ausräumen von Mißverständnissen, die bei den Kindern möglicherweise vorhanden sein könnten. Eine inhaltliche Übersicht über die verschiedenen Aktivitäten beginnt auf Seite 10.

Auch wenn wir wissen, daß jede einzelne Lehrkraft bestimmte Lehr- und Lernverfahren bevorzugt, hoffen wir dennoch, daß diese Lernwerkstatt die Kinder ermutigt, die unterschiedlichen Wahlmöglichkeiten innerhalb der Klassenraumaktivitäten zu entdecken und wahrzunehmen. (Dies ist besonders wichtig, da so viele Entscheidungen, die sie außerhalb des Klassenraumes angehen, über ihre Köpfe hinweg getroffen werden).

Das gesamte Buch hindurch verfolgen wir das Ziel, Kinder zu ermutigen, daß sie ihre eigene Rolle bei der Entwicklung von positiven und verantwortungsbewußten Haltungen erkennen.
Das bedeutet, daß ihnen in entspannter Atmosphäre Gelegenheit gegeben wird, alle möglichen Ansichten und Meinungen kennenzulernen und zu reflektieren. Dies sollte sorgfältig strukturiert sein, damit es für die Kinder akzeptabel und frei von Werturteilen ist.

Lieben, Lernen, Lachen:

Ein Stück Schulpolitik

Hat man erst einmal die Ängste erkannt, die durch die Notwendigkeit eines Sexualunterrichts hervorgerufen werden, ist es wichtig, sie aktiv anzugehen. Zu diesem Zweck sollten alle Beteiligten in kollegialer Form zusammenarbeiten. Wenn Sie gemeinsam mit Ihren KollegInnen Wertvorstellungen aus der Welt der Erwachsenen zusammentragen, können Sie sich durch Konsensbildung darüber verständigen, welche Lerninhalte und Lernprozesse Sie in Ihrer Schule für angemessen halten. Die für einen solchen Prozeß notwendigen Hilfen sowie Ideen für Workshops mit LehrerInnen, Eltern und Schulaufsichtspersonen finden Sie in diesem Buch (vgl. S. 35-44).

Ein Brainstorming zum Thema "Was ist Sexualerziehung?" zu Beginn einer Sitzung dürfte sehr wahrscheinlich eine Liste ergeben, die der folgenden ähnelt.

Selbstreflexion
Selbstwahrnehmung
Andere achten
Werte
Selbstachtung und Selbstvertrauen
Kenntnis der Körperfunktionen
Angemessen Formen der Gefühlsäußerungen
Information
Geschlechtsspezifische Stereotypen
Geschlechtskrankheiten
Aktivitäten
Zuneigung
Beziehungen
Geburt und Nachkommenschaft

Familien
Wachsen und Verändern
Kommunikation
Verantwortung
Verhütung
Macht
Anpassungsdruck durch die Altersgruppe
Vergnügen / Schmerz
Was unser Verhalten beeinflußt
Freundschaft
Gesetzgebung
Aufklärung von Mythen
Partnerwahl
Selbstbehauptung
Ursachen und Auswirkungen von Verhalten

Alles, was Sie schon immer über Sexualerziehung wissen wollten

Übersicht über die Aktivitäten

Titel	Inhalte	Anknüpfungsmöglichkeiten
Kapitel 2		
1. Unsere Zielvorstellungen (Brainstorming)	Prioritätenliste mit Lernzielen erstellen	Methodik und Methoden
2. Hineinwachsen in die Gruppenarbeit	Vor- und Nachteile verschiedener Sozialformen	Methodik und Methoden
3. Frontalunterricht mit "Wandtafel und Kreide"	Vor- und Nachteile verschiedener Sozialformen	Methodik und Methoden
4. Das müssen wir können	Anforderungsprofil für Lehrkräfte	Methodik und Methoden
5. Reflexion der Lehrerrolle	Möglichkeiten und Chancen der Gruppenarbeit	Methodik und Methoden
6. Sprache und Sex	Erwachsene analysieren ihre Gefühle in Bezug auf verschiedene Sprachformen, die Geschlechtsorgane und sexuelle Aktivitäten beschreiben	Haltungen von Erwachsenen
7. Das ABC der Fertigkeiten	Benennen jener Fertigkeiten, die durch die hier vorgeschlagenen Aktivitäten entwickelt werden	
8. Der Sexualkunde-Workshop	Lehrkräfte erkunden den vollen Umfang der Sexualerziehung und legen fest, was Kinder wissen müssen	1. *Unsere Zielvorstellung* 2. *Hineinwachsen in die Gruppenarbeit* 3. *Frontalunterricht mit "Wandtafel und Kreide"* 4. *Das müssen wir können* 5. *Reflexion der Lehrerrolle* 6. *Sprache und Sex*

Titel	Inhalte	Anknüpfungsmöglichkeiten
9. Personen-Bingo	Gruppenteilnehmer lernen sich besser kennen	Sinnvolle Gruppenarbeit

Kapitel 3

Titel	Inhalte	Anknüpfungsmöglichkeiten
10. Werkstatt-Ideen von A bis Z	Aktivitäten zur Förderung kooperativer Lernformen	Läßt sich auf die meisten der in diesem Buch beschriebenen Ideen beziehen
11. Auswertung: Und wie war es für dich?	Auswertungsaktivitäten, die Kinder ermutigen, ihre eigenen Lernprozesse zu reflektieren und zu kommentieren	Haltungen von Kindern
12. Das Experiment "Besuch von draußen"	Schüleraktivitäten bei der Vorbereitung und beim Empfang eines Besuchers im Klassenraum	Unterrichtsstile

Kapitel 4

Titel	Inhalte	Anknüpfungsmöglichkeiten
13. Wer bin ich?	Entwicklung der Selbstwahrnehmung und des Selbstvertrauens	14. Das ABC persönlicher Eigenschaften 15. Mein persönliches Wappen 16. Eine Collage über mich 17. Meine verschiedenen Seiten 22. Was ich brauche/ Was ich möchte 23. Eine Wunsch- und Bedürfnis-Grafik 24. Mein idealer Tag
14. Das ABC persönlicher Eigenschaften	Persönlichen Eigenschaften beschreiben	13. Wer bin ich? 15. Mein persönliches Wappen 17. Meine verschiedenen Seiten 19. Das mag ich an anderen 20. Positive Steckbriefe

Alles, was Sie schon immer über Sexualerziehung wissen wollten

Titel	Inhalte	Anknüpfungsmöglichkeiten
15. Mein persönliches Wappen	Persönlichen Eigenschaften Ausdruck verleihen	13. Wer bin ich 14. Das ABC persönlicher Eigenschaften 16. Eine Collage über mich
16. Eine Collage über mich	Sich selbst als eigenständige Persönlichkeit wahrnehmen	13. Wer bin ich? 15. Mein persönliches Wappen
17. Meine verschiedenen Seiten	Wie wir von anderen Menschen wahrgenommen werden	13. Wer bin ich? 14. Das ABC persönlicher Eigenschaften 20. Positive Steckbriefe
18. Wir sind alle verschieden	Unterschiede in der physischen Erscheinung	Alle Aktivitäten, die sich mit Körperteilen beschäftigen
19. Das mag ich an anderen	Die eigene Wahrnehmung von anderen Menschen beobachten und analysieren	14. Das ABC persönlicher Eigenschaften
20. Positive Steckbriefe	Anderen Menschen mit Achtung begegnen	14. Das ABC persönlicher Eigenschaften 17. Meine verschiedenen Seiten
21. Wir erkunden Beziehungen	Analyse von Beziehungen	31. Risikofaktoren 32. Wie ich mich schützen kann 33. An wen kann ich mich wenden? 36. Jungen und Mädchen spielen draußen 52. Wie wir beeinflußt werden
22. Was ich brauche / Was ich möchte	Gemeinsamkeiten und Unterschiede	13. Wer bin ich? 23. Eine Wunsch- und Bedürfnis-Graphik 24. Mein idealer Tag

Titel	Inhalte	Anknüpfungsmöglichkeiten
23. Eine Wunsch- und Bedürfnisgraphik	Zwischen Wünschen und Bedürfnissen unterscheiden	13. *Wer bin ich?* 22. *Was ich brauche/ Was ich möchte* 24. *Mein idealer Tag*
24. Mein idealer Tag	Erkennen von persönlichen Wünschen und Bedürfnissen	13. *Wer bin ich?* 22. *Was ich brauche/ Was ich möchte* 23. *Eine Wunsch- und Bedürfnis-Graphik*
25. Ein Gefühls-Diagramm	Ausdrücken von Gefühlen	26. *Gefühlsbarometer* 27. *Mein Gefühls-Tagebuch* 28. *Gemalte Gefühle* 29. *Gesammelte Gefühle* 30. *Im Strudel der Gefühle*
26. Gefühlsbarometer	Ausdrücken von Gefühlen	25. *Ein Gefühls-Diagramm* 27. *Mein Gefühls-Tagebuch* 28. *Gemalte Gefühle* 29. *Gesammelte Gefühle* 30. *Im Strudel der Gefühle*
27. Mein Gefühls-Tagebuch	Analyse eigener Reaktionen in bestimmten Situationen	25. *Ein Gefühls-Diagramm* 26. *Gefühlsbarometer* 28. *Gemalte Gefühle* 29. *Gesammelte Gefühle* 30. *Im Strudel der Gefühle*
28. Gemalte Gefühle	Ausdrücken von Gefühlen, Gemeinsamkeiten bzw. Unterschieden	25. *Ein Gefühls-Diagramm* 26. *Gefühlsbarometer* 27. *Mein Gefühls-Tagebuch* 29. *Gesammelte Gefühle* 30. *Im Strudel der Gefühle*
29. Gesammelte Gefühle	Positive und negative Gefühle erkennen	25. *Ein Gefühls-Diagramm* 26. *Gefühlsbarometer* 27. *Mein Gefühls-Tagebuch* 28. *Gemalte Gefühle* 30. *Im Strudel der Gefühle* 61. *Was uns anzieht* 62. *Gefühle wahrnehmen*

Alles, was Sie schon immer über Sexualerziehung wissen wollten

Titel	Inhalte	Anknüpfungsmöglichkeiten
30. Im Strudel der Gefühle	Sprachbilder, die Gefühle ausdrücken	25. *Ein Gefühls-Diagramm* 26. *Gefühlsbarometer* 27. *Mein Gefühls-Tagebuch* 28. *Gemalte Gefühle* 29. *Gesammelte Gefühle*
31. Risikofaktoren	Risiken erkennen und Möglichkeiten, ihnen zu begegnen	21. *Wir erkunden Beziehungen* 32. *Wie ich mich schützen kann* 52. *Wie wir beeinflußt werden*
32. Wie ich mich schützen kann	Eigene Sicherheit	21. *Wir erkunden Beziehungen* 31. *Risikofaktoren* 52. *Wie wir beeinflußt werden*
33. An wen kann ich mich wenden?	Menschen in der eigenen Umgebung benennen, denen Kindern vertrauen können	21. *Wir erkunden Beziehungen*
34. Ich bin gerne ...	Herausfinden von Stereotypen	35. *Das ABC der Berufe* 37. *Sherlock Holmes* 38. *Bildimpulse*
35. Das ABC der Berufe	Herausfinden von Stereotypen	34. *Ich bin gerne ...* 37. *Sherlock Holmes* 38. *Bildimpulse*
36. Jungen und Mädchen spielen draußen	Geschlechtsspezifische Pausenspiele	21. *Wir erkunden Beziehungen*
37. Sherlock Holmes	Herausfinden von Stereotypen	34. *Ich bin gerne ...* 35. *Das ABC der Berufe* 38. *Bildimpulse*
38. Bildimpulse	Herausfinden von Stereotypen	31. *Risikofaktoren* 34. *Ich bin gerne ...* 35. *Das ABC der Berufe* 37. *Sherlock Holmes*

Lieben, Lernen, Lachen:

Titel	Inhalte	Anknüpfungsmöglichkeiten

Kapitel 5

Titel	Inhalte	Anknüpfungsmöglichkeiten
39. Lauter Wörter	Unterschiedlicher Sprachgebrauch	58. Ideen-Kiste 59. Fragen aus dem Hut
40. Ich kann dich verstehen	Kinder mit medizinischen Begriffen vertraut machen	Jeder neue Begriff, der eingeführt wird
41. Körpersprache	Verschiedene Körperteile identifizieren und über die eigene Sicherheit sprechen	42. Wir benennen Körperteile 43. Wir angeln Körperteile 45. Weiblich oder männlich? 52. Wie wir beeinflußt werden 63. Was wir wissen
42. Wir benennen Körperteile	Identifizieren von Körperteilen. Erfahren, welche Haltung die Kinder dazu einnehmen	41. Körpersprache 43. Wir angeln Körperteile 45. Weiblich oder männlich? 58. Ideen-Kiste 59. Fragen aus dem Hut 63. Was wir wissen
43. Wir angeln Körperteile	Identifizieren von Körperteilen	41. Körpersprache 42. Wir benennen Körperteile 44. Wir organisieren uns 45. Weiblich oder männlich? 63. Was wir wissen
44. Wir organisieren uns	Identifizieren innerer Organe	43. Wir angeln Körperteile 45. Weiblich oder männlich? 63. Was wir wissen
45. Weiblich oder männlich?	Erkennen von Körperteilen und ihre geschlechtsspezifische Zuordnung	41. Körpersprache 42. Wir benennen Körperteile 43. Wir angeln Körperteile 44. Wir organisieren uns 63. Was wir wissen
46. Wer ist denn das?	Wachstums- und Veränderungsprozesse	47. Ein Tag in unserem Leben 48. Zeitpunkte in unserem Leben 51. Das war schön 53. Pubertät - was ist denn das? 54. Pubertät!

Alles, was Sie schon immer über Sexualerziehung wissen wollten

15

Titel	Inhalte	Anknüpfungsmöglichkeiten
47. Ein Tag in unserem Leben	Wachstums- und Veränderungsprozesse; Übernahme von Verantwortungen	46. Wer ist denn das? 48. Zeitpunkte in unserem Leben
48. Zeitpunkte in unserem Leben	Wachstums- und Veränderungsprozesse; Übernahme von Verantwortungen	46. Wer ist denn das? 47. Ein Tag in unserem Leben 49. Der Zeit auf der Spur 51. Das war schön 54. Pubertät!
49. Der Zeit auf der Spur	Die eigene Lebensgeschichte	46. Wer ist denn das? 48. Zeitpunkte in unserem Leben 50. Schöne Zeiten zu Hause 51. Das war schön
50. Schöne Zeiten zu Hause	Feiern von Familienereignissen	49. Der Zeit auf der Spur 51. Das war schön
51. Das war schön	Verschiedene Ereignisse im Leben feiern	46. Wer ist denn das? 48. Zeitpunkte in unserem Leben 49. Der Zeit auf der Spur 50. Schöne Zeiten zu Hause
52. Wie wir beeinflußt werden	Persönliche Verantwortung übernehmen und erkennen, welcher Druck von der Altersgruppe ausgeht	21. Wir erkunden Beziehungen 31. Risikofaktoren 32. Wie ich mich schützen kann 41. Körpersprache
53. Pubertät - was ist denn das?	Das Wissen der Kinder über die Pubertät einschätzen	46. Wer ist denn das? 48. Zeitpunkte in unserem Leben 54. Pubertät!

Titel	Inhalte	Anknüpfungsmöglichkeiten
54. Pubertät!	Verständnis für pubertäts-bedingte Veränderungen	46. *Wer ist denn das?* 48. *Zeitpunkte in unserem Leben* 53. *Pubertät - was ist denn das?*
55. Was ist Menstruation	Kinder werden über die Menstruation informiert	53. *Pubertät - was ist denn das?* 54. *Pubertät!* 56. *Wozu waschen?* 57. *Kims Spiel*
56. Wozu waschen?	Persönliche Hygiene und was sie kostet	55. *Was ist Menstruation?* 57. *Kims Spiel*
57. Kims Spiel	Hygiene	55. *Was ist Menstruation?* 56. *Wozu waschen?*

Kapitel 6

Titel	Inhalte	Anknüpfungsmöglichkeiten
58. Ideen-Kiste	Kindern ermöglichen, in einer angstfreien Atmo-sphäre Fragen zu stellen	59. *Fragen aus dem Hut*
59. Fragen aus dem Hut	Kindern ermöglichen, in einer angstfreien Atmo-sphäre Fragen zu stellen	58. *Ideen-Kiste*
60. Wir sehen ein Video	Benennen von Kenntnis-bereichen vor und nach der Vorführung eines Videofilms	"Arbeitsmaterialien, Bücher Medien" Siehe Kap. 7
61. Was uns anzieht	Analysieren, auf welche Weise Menschen ihre Zu-neigung ausdrücken	29. *Gesammelte Gefühle* 62. *Gefühle wahrnehmen*
62. Gefühle wahrnehmen	Ausdrucksmöglichkeiten von Gefühlen erkennen	29. *Gesammelte Gefühle* 61. *Was uns anzieht*

Alles, was Sie schon immer über Sexualerziehung wissen wollten

Titel	Inhalte	Anknüpfungsmöglichkeiten
63. Was wir wissen	Wissen über verschiedene Bereiche der Sexualität wird überprüft und reproduziert	41. *Körpersprache* 42. *Wir benennen Körperteile* 43. *Wir angeln Körperteile* 44. *Wir organisieren uns* 45. *Weiblich oder männlich?* 69. *Wir wissen gut Bescheid*
64. Rund um die Wahrheit	Einschätzen, welches Verständnis die Kinder vom Geschlechtsverkehr haben	Alle Arbeitsvorschläge, die das Sexualleben betreffen
65. Was ist Masturbation?	Ungeklärte Fragen und Vorstellungen der Kinder zur Selbstbefriedigung aufgreifen	Alle Arbeitsvorschläge, die das Sexualleben betreffen. *72 - 76 weiterführende Aktivitäten*
66. Geburtstage	Verschiedene Formen des Gebärens	67. *Such' die Mutter* 68. *Die Wochen im Bauch* 69. *Wir wissen gut Bescheid*
67. Such' die Mutter	Tierarten und ihre Jungen; verschiedene Formen des Gebärens	66. *Geburtstage* 68. *Die Wochen im Bauch* 69. *Wir wissen gut Bescheid*
68. Die Wochen im Bauch	Wie ein Baby im Mutterleib wächst	66. *Geburtstage* 67. *Such' die Mutter* 69. *Wir wissen gut Bescheid*
69. Wir wissen gut Bescheid	Kenntnisse über die Fortpflanzung	63. *Was wir wissen* 66. *Geburtstage* 67. *Such' die Mutter* 68. *Die Wochen im Bauch*
70. Barrieren	Verhütungsmaßnahmen	71. *Babys*

Titel	Inhalte	Anknüpfungsmöglichkeiten
71. Babys	Kinderwunsch/Geburten-kontrolle - Pro- und Contra-Argumente	70. *Barrieren*
72. Meinungsbild für alle A: Fakten	Weitere Sachgebiete	Jeder Bereich, in dem neue Kenntnisse erworben werden können
73. Meinungsbild für Gruppen A: Fakten	Weitere Sachgebiete	Jeder Bereich, in dem neue Kenntnisse erworben werden können
74. Meinungsbild für alle B: Gefühle	Erörterung von Problemen	Jeder Bereich, in dem Haltungen, Wertvorstellungen und strittige Fragen erkundet und geklärt werden können.
75. Meinungsbild für Gruppen B: Gefühle	Erörterung von Problemen	Jeder Bereich, in dem Haltungen, Wertvorstellungen und strittige Fragen erkundet und geklärt werden können.
76. Was meinst du dazu?	Aussagenliste, Stellung-nahmen	Jeder Bereich, in dem Haltungen, Wertvorstellungen und strittige Fragen erkundet und geklärt werden können.
77. Karo aus vier / Karo aus neun	Erörterung von Problemen	Jeder Bereich, in dem Probleme diskutiert werden
78. Karo aus vier / Karo aus neun: Was meinst du dazu?	Aussagenliste, Stellung-nahmen, Meinungen	Jeder Bereich, in dem Probleme diskutiert werden.

Alles, was Sie schon immer über Sexualerziehung wissen wollten

Titel	Inhalte	Anknüpfungsmöglichkeiten
79. Haben Sie daran gedacht?	Hinweise auf jene Bereiche, die Lehrkräfte ggf. auch in ihren Unterricht mit einbeziehen möchten	1. *Unsere Zielvorstellungen (Brainstorming)* 4. *Das müssen wir können* 6. *Sprache und Sex* 8. *Der Sexualkunde-Workshop*

Kapitel 7

Titel	Inhalte	Anknüpfungsmöglichkeiten
80. Arbeitskreis zur Sichtung von Materialien	Auswahlkriterien für Sexualkundematerialien erarbeiten	Jeder Bereich, der sich mit der Auswahl und Begutachtung von Unterrichtsmaterial befaßt

2
Es geht darum, was wir tun und wie wir es tun

Es kommt darauf an, was wir tun und wie wir es tun

Lieben, Lernen, Lachen:

Unterrichtsstile

Obwohl wir sehr genau wissen, daß jeder auf verschiedene Art und Weise lernt und daß keine einzige Unterrichtsmethode das Allheilmittel darstellt, zeigen uns Untersuchungen zu Unterrichtsstilen doch sehr deutlich, daß die meisten von uns dazu neigen, in der gleichen Weise zu unterrichten, wie sie selbst einmal unterrichtet wurden. Für bestimmte Lernprozesse halten wir wohl eher eine strenge didaktische Stufung für angemessen. Eine Steuerung durch die "Wandtafel-Kreide-Methode" führt jedoch häufig zu Konformität und verlangt den Lernenden weder Initiative noch individuelle Gedankengänge ab. Sicherlich kann mit dieser Methode Wissen in einer ökonomischen Weise vermittelt werden, was bei großen Lerngruppen als Vorteil gelten mag.

Zweifellos können wir durch den Einsatz stark steuernder Unterrichtsmethoden sicherstellen, daß wir das Erreichen unserer Lehrziele überprüfen können. Wenn dies aber der einzige Unterrichtsstil bleibt, den wir anwenden, laufen wir Gefahr, nur einem Teil unserer SchülerInnen zu helfen. Andere dürften durch einen solchen Zugang wenig motiviert werden und vielleicht sogar das Gefühl vermittelt bekommen, versagt zu haben, nur weil sie nicht in der Lage waren, Gedankengänge wiederzugeben oder mit bestimmten Vorstellungen umzugehen. Einigen Kindern dürfte es sogar schwerfallen, die aufgenommenen Fakten wiederzugeben.

Auch wenn viele GrundschullehrerInnen ihre Klasse in kleinere Gruppen einteilen, was zunächst nach einem offenerem Unterrichtsstil aussieht, besteht weiterhin die Gefahr, lediglich eine Variante des lehrerzentrierten Frontalunterrichts zu praktizieren. Dies kann besonders in Gruppen auftreten, die entsprechend ihrer Leistungsfähigkeit zusammengesetzt wurden. Sicherlich versetzen kleinere Gruppen die Lehrkraft in die Lage, bestimmte Aufgaben wirkungsvoller bearbeiten zu lassen. Einige Kleingruppen erweisen sich sogar als "pflegeleicht", weil sie durch Selbststeuerungsprozesse wenig oder gar keine Lehrerhilfe benötigen. Der Erfolg dieses Unterrichtsstils basiert auf dem Organisationstalent der Lehrkraft, mit der sie die Gruppenaktivitäten auswählt, die Arbeitsabläufe plant und die Art und Weise bestimmt, wie der individuelle Lernfortschritt festgehalten wird. Eine solche Unterrichtsmethode kann also als reines Instrument der Unterrichtsorganisation angesehen werden.

Es kommt darauf an, was wir tun und wie wir es tun

Unterricht als Lernwerkstatt

Einige Lehrkräfte zielen darauf ab, Kinder zu ermutigen, in kooperativer Form in Kleingruppen zu arbeiten. Die Kinder bekommen Aufgaben, mit denen sie sich identifizieren können und bei deren Lösung sie ihren eigenen Erfahrungshintergrund einsetzen können.

Häufig genug werden sie auch ermutigt, sich mit ihren unterschiedlichen Talenten und Fähigkeiten zusammenzutun. Im Verlaufe eines solchen Prozesses werden sie in die Lage versetzt, eigene Ideen zu artikulieren, die benutzten Fertigkeiten zu erkennen und bewußt auszuüben und die Bedeutung dieser Fertigkeiten in anderen Lernzusammenhängen und in der außerschulischen Erwachsenenwelt wieder zu entdecken.

Eine solche Form der Gruppenarbeit hilft, Fertigkeiten in den Bereichen "Entscheidungen fällen" und "kritisches Analysieren" zu entwickeln. Sie kann aber auch für einige Kinder ein großes Risiko in sich bergen. Ein jeder Fehlversuch des Kindes ist unmittelbar öffentlich.

Individuelle Bedürfnisse können vernachlässigt werden. Es können Situationen eintreten, in denen es keine "richtige" oder "falsche" Antworten gibt und in denen unvorhergesehene Ergebnisse nur schwer zu bewerten sind.

Wir LehrerInnen sind häufig der Auffassung, daß unsere SchülerInnen bereits durch die Einteilung in Kleingruppen gemeinsam arbeiten. Untersuchungen haben aber gezeigt, daß dies nicht der Fall ist. In den Untersuchungen wurde deutlich, daß die Kinder trotz der Kleingruppenorganisation überwiegend mit Einzelarbeit beschäftigt waren. Bennett (1985) sieht die "gegenwärtige Realität der Gruppenarbeit als ein bloßes physisches Nebeneinander einzelner Schüler, die ohne klares Ziel und ohne angemessene Leitung tätig sind". (British Journal of Educational Psychology: Monograph Series, 2 Recent Advances in Classroom Research, Scottish Academic Press.)

In diesem Buch bieten wir strukturierte Arbeitseinheiten im Rahmen einer Lernwerkstatt an, die berücksichtigen, daß GrundschülerInnen sich in ihrer Entwicklung von der egozentrierten Sichtweise weg und auf die Wahrnehmung ihrer Stellung in der Klasse, der Schule und darüberhinaus hinbewegen. Wir halten es für wichtig, daß wir unsere Unterrichtsmethoden immer wieder überprüfen, um diese Ausweitung der Erfahrungswelt der Kinder zu fördern.

Richard Pring gibt uns zu bedenken, daß "der Übergang zwischen den einzelnen Entwicklungsphasen weitgehend abhängig ist von der Form der Sozialisation, die von den sozialen Institutionen (d.h. Familie, Schule, Kirche), zu denen das Kind oder der Jugendliche gehört, zugelassen oder gefördert wird." (Personal and Social Education in the Curriculum, Hodder and Stoughton, 1989).

Selbstvertrauen aufbauen

Viele der in diesem Buch vorgeschlagenen Ideen zielen darauf ab, Selbstvertrauen zu entwickeln. Das wiederum dient als Basis, von der aus die Kinder den Mut entwickeln sollen, sich im Klassenraum etwas zu trauen. Ihre Traute besteht aus Fähigkeiten und Fertigkeiten, die gelehrt werden können: Verständnis- und Informationsfragen stellen, etwas hinterfragen, eigene Fehler zugeben und sie als integrativen Bestandteil des Lernprozesses erkennen, Entscheidungen fällen und eine begründete Auswahl treffen. Diese Art von Unterricht impliziert die Auffassung, daß hier ein Entwicklungsprozeß begleitet wird, in dem das jeweilige Lebensalter und das erreichte Entwicklungsstadium Berücksichtigung finden müssen.

Bauen wir, auch durch eine entsprechende Atmosphäre in der Klasse, das Selbstvertrauen der Kinder auf, versetzen wir sie damit in die Lage, ihre eigenen Vorstellungen über diese Welt zu entwickeln. Wir bieten praktische Möglichkeiten an, wie eine solche Atmosphäre geschaffen werden kann und welche Prozesse eingeleitet werden müssen, damit Kinder sich untereinander ihre Wertvorstellungen und Überzeugungen mitteilen. Dadurch, so hoffen wir, lernen sie die Sichtweise anderer zu verstehen, und sie werden begreifen, daß die Welt nicht nur aus ihrer speziellen Perspektive heraus betrachtet werden kann.

Unsere methodischen Verfahren ermutigen Kinder, von den angebotenen Wahlmöglichkeiten im Verlaufe ihrer Grundschulzeit zunehmend Gebrauch zu machen. Indem wir Erfahrungen koordinieren, die Respekt vor dem Gegenüber entwickeln, wollen wir das Selbstwertgefühl fördern. Das bedeutet: wir fühlen uns selbst gut, wenn wir durch andere positive Bestätigungen erhalten. Viele unserer vorgeschlagenen Aktivitäten zielen darauf ab.

Der kooperative Ansatz

Wesentlich für einen Unterricht in Form der Lernwerkstatt ist die kooperative Gruppenarbeit.

Gruppen können sehr verschiedenartig sein, genauso wie das Spektrum der Aktivitäten (eine Übersicht in Kapitel 3). Das Ziel besteht darin, Kindern die Erfahrung zu ermöglichen, mit anderen zusammenzuarbeiten, um sowohl soziale wie auch intellektuelle Fähigkeiten zu entwickeln. Gruppen werden gebildet und wieder neu zusammengesetzt, damit die Kinder soviel wie möglich von den anderen und über die anderen lernen. Dabei ist es notwendig, die abgelaufenen Gruppenarbeitsprozesse zu reflektieren, z.B.: Wurde die Aufgabe erfüllt? Wie gut funktionierte der Ablauf? An welcher Stelle gab es Probleme? (Die Kenntnis gruppendynamischer Faktoren ist für die Lehrkraft ein hilfreiches Instrument bei der Gruppeneinteilung).

Auch wenn wir zugeben müssen, daß Faktenwissen in der Sexualerziehung und in der persönlichen Entwicklung eine wichtige Rolle spielt, geht es uns hier doch um die weiteren Elemente, die unser Verhalten beeinflussen. Wenn wir versuchen, Kinder zur Betrachtung und Reflexion bestimmter Lebensformen zu ermutigen, dann bedeutet das für uns, daß wir ihnen mehr bieten müssen als reine Faktenvermittlung. An dieser Stelle muß noch einmal darauf hingewiesen werden, daß GrundschülerInnen über ein geringes Maß an Entscheidungsfreiheit verfügen; üblicherweise treffen die Erwachsenen die Entscheidungen für sie. Bei der Entwicklung unseres Ansatzes haben wir deshalb in besonderer Weise den Faktor der Entscheidungsfreiheit berücksichtigt und in welcher Weise er sich mit zunehmendem Lebensalter des Kindes verändert. Unser Hauptaugenmerk ist deshalb darauf gerichtet, ein Klima zu schaffen, in dem sich beim Individuum Selbstwertgefühl entwickeln kann. Wenn wir uns selber gut fühlen, sind wir eher bereit, darüber nachzudenken, was wir tun und wie wir es machen. Die nachfolgenden Seiten (26-30) sind als Anregung für LehrerInnen gedacht, unterschiedliche Zugänge zum Sexualkundeunterricht und zur Sozialkunde (als Erziehung zum Miteinander) zu überdenken. Sie können auch als Diskussionsmaterial in Konferenzen benutzt werden, in denen thematisiert wird, wie die Schule den Kindern auf diesem Gebiet helfen kann.

Es kommt darauf an, was wir tun und wie wir es tun

Unsere Zielvorstellungen (Brainstorming)
Welche Ziele verfolgen Sexualkunde und die Erziehung zum Miteinander?

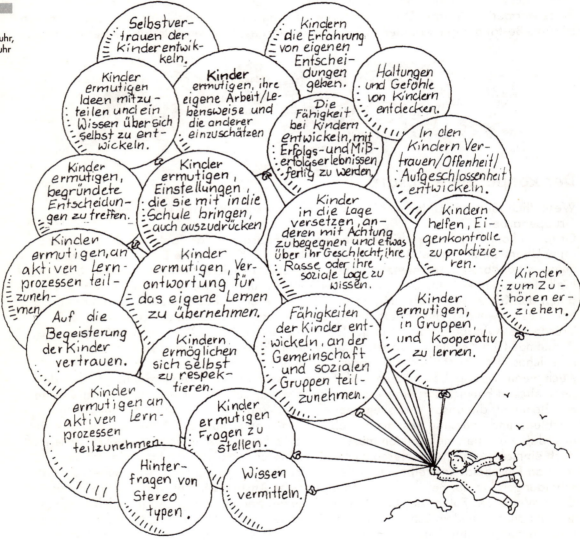

Sie können diese Liste mit Ihren eigenen Zielvorstellungen ergänzen. Als Gruppe könnten Sie eine Prioritätenliste für ihre Schule anfertigen.

Hineinwachsen in die Gruppenarbeit
Einige Vor- und Nachteile von Gruppenarbeit

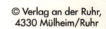

© Verlag an der Ruhr,
4330 Mülheim/Ruhr

Vorteile

- Kann das Selbstwertgefühl fördern.

- Kann die Beteiligung fördern.

- Positive Wertung dessen, was ein Kind zu sagen hat.

- Ermutigt Kinder, die Bedürfnisse anderer gelten zu lassen.

- Kann Freude bereiten.

- Fördert Fähigkeiten und Fertigkeiten, die in der Erwachsenenwelt benötigt werden (*vgl. das ABC der Fertigkeiten* auf S. 34).

- Fördert Kooperation.

- Gründet und bezieht sich auf die Erfahrungen der Kinder.

- Kann die Beziehungen zwischen Schule und Elternhaus fördern.

- Ermutigt jedes Kind, in vollem Umfang teilzunehmen.

Nachteile

- Könnte die Privatsphäre verletzen.

- Könnte nur in einem bestimmten eigenen Zeitblock während des Unterrichtstages eingesetzt werden.

- Könnte einige Kinder entmutigen, da ihre Fehlversuche unmittelbar öffentlich sind.

- Könnte für die Lehrkraft Nachteile beinhalten.

- Probleme mit der lehrerzentrierten Steuerung (Vermittlung eigener Standards).

- Mögliche Probleme bei der Bewertung der individuellen Leistung.

Fügen Sie Ihre eigenen Vorstellungen hier an.

Es kommt darauf an, was wir tun und wie wir es tun

Frontalunterricht mit "Wandtafel und Kreide"

Was wäre, wenn ich mich im Sexualkundeunterricht für den Frontalunterricht mit der "Wandtafel-Kreide-Methode" entscheide?

© Verlag an der Ruhr,
4330 Mülheim/Ruhr

Vorteile

- Kann in großen Gruppen relativ einfach durchgeführt werden.

- Hat einen geringeren Raumbedarf als die Gruppenarbeit.

- Leichtere Bewertungsmöglichkeiten, ob die Kinder etwas gelernt haben oder nicht.

- Problemloser Einsatz von Experten.

- Ziele können klarer sein.

- Weniger umstritten.

- LehrerInnen wissen genau, was vermittelt wird.

- Fügen Sie Ihre eigenen Vorstellungen an.

Nachteile

- Könnte die unterschiedlichen Entwicklungsstufen, auf denen sich die Kinder befinden, nicht berücksichtigen.

- Könnte Kinder nicht motivieren.

- Vermittelt den Eindruck, als gäbe es richtige und falsche Antworten.

- Läßt die Erfahrungen der Kinder außer acht.

- Ermutigt Kinder nicht, selbständig zu werden.

- Verführt Kinder zum inneren "Aussteigen".

Das müssen wir können

Welche Fähigkeiten und Fertigkeiten setzen wir ein, wenn wir die Fähigkeiten und Fertigkeiten von Kindern entwickeln wollen?

© Verlag an der Ruhr, 4330 Mülheim/Ruhr

Wenn wir die Fähigkeiten und Fertigkeiten von Kindern entwickeln wollen, müssen wir selbst über eine ganze Bandbreite von Fähigkeiten verfügen. Beim Einsatz von Gruppenarbeit mag sich unsere Rolle etwas anders darstellen als bei anderen Unterrichtsformen. Für uns liegt das Schwergewicht auf:

- Ermutigen
- Ernstnehmen
- Mitfühlen
- Zuhören
- Vermitteln
- Vorsichtiger Lenkung
- Organisieren
- Offen sein
- Beteiligt sein
- Sensibel sein
- Positive Einstellung zeigen
- Flexibel sein
- Verarbeiten von Lernprozessen
- Querverbindungen herstellen
- Privatsphäre achten
- Diskret sein
- Kindern helfen, die Beiträge anderer ernstzunehmen
- Darstellen unserer Absichten in einer Form, die die Kinder verstehen können
- Als Person dahinter zu stehen
- Die Mitarbeit der Kinder in sensibler Weise zu steuern

Sicherlich können Sie noch weitere Ideen und Vorstellungen anfügen.

Es kommt darauf an, was wir tun und wie wir es tun

Reflexion der Lehrerrolle
Wie sieht unser Rollenverständnis aus, wenn wir in dieser Weise arbeiten?

- Wir verteilen keine Etiketten: "richtig" oder "falsch"
- Wir erlauben das Erkunden persönlicher Wertvorstellungen (in einer angstfreien, offenen Atmosphäre).
- Wir versetzen das Kind in die Lage, sich anderen mitzuteilen, anstatt zu dirigieren oder zu imponieren.
- Wir enthalten uns bewertender Äußerungen.
- Wir verhalten uns so neutral wie möglich.
- Wir erlauben Kindern, aus Fehlern zu lernen (Fehler sind keine Mißerfolge).
- Wir lassen Entscheidungsmöglichkeiten zu.
- Wir beteiligen Kinder am gesamten Lernprozeß (auch bei der Planung und der Auswertung).
- Wir stellen Quellenmaterial bereit.
- Wir nehmen eine positive Erwachsenenrolle ein, indem wir Interesse und Respekt zeigen.
- Wir anerkennen sowohl die affektiven wie auch die kognitiven Komponenten des Lernprozesses (Lernen findet statt auf der Grundlage persönlicher Beziehungen).
- Wir erkennen die Gleichgewichtigkeit von Lernprozeß und Lerninhalt.
- Wir bringen den Kindern Vertrauen entgegen.

Lieben, Lernen, Lachen:

Sprache und Sex

Bevor wir LehrerInnen unsere SchülerInnen in Sexualkunde unterrichten, sollten wir uns über alle möglichen sprachlichen Probleme, die bei uns selbst vorhanden sind, bewußt werden.

Wir wollen verhindern, daß wir beim Benutzen bestimmter Begriffe irgendeine Scheu, ein Unbehagen oder eine Unsicherheit signalisieren.

Deshalb sollten hier einige Punkte gründlich überdacht werden.

Wollen wir Kindern bewußt machen, daß es verschiedene Sprachebenen gibt, auf denen man sich über Sex und Sexualität unterhalten kann? Z.B. technisch/medizinische Begriffe (Penis, Vagina, Geschlechtsverkehr), saloppe oder mundartliche Umgangssprache (ficken, Fotze, vögeln) und gesellschaftlich akzeptierte, weil ausweichende Ausdrücke (sich liebhaben, miteinander schlafen etc.).

Die Menschen benutzen unterschiedliche Begriffe, um über dieselbe Sache zu sprechen. Deshalb ist es sehr wichtig, genau zu wissen, welche Bedeutung die verwendeten Wörter haben. Ohne eine solche Abklärung sind Schwierigkeiten und Mißverständnisse vorprogrammiert.

Kindern gegenüber sollten wir immer sehr deutlich machen, welche Sprachform in welcher Situation die angemessene darstellt. Einige Kinder sind daran gewöhnt, Gespräche über Sex nur in der "Gassensprache" zu hören, was für unsere Klassenraumgespräche nicht unbedingt die angemessene Sprachform darstellt. Wir sollten die Verwendung einer solchen Sprachform demnach nicht mit einem Werturteil belegen.

Ebenfalls nicht vergessen sollten wir die Tatsache, daß Wörter in uns allen bestimmte Assoziationen auslösen, ganz besonders im Bereich Sex und Sexualität. Wörter, die wir benutzen oder hören, beeinflussen unsere Haltungen und Gefühle in ganz erheblichem Maße. Die von der Sprache ausgehende Macht sollten wir daher nicht unterschätzen.

Übung für LehrerInnen zum Thema "Sprache und Sex"!

Die folgende Übung (S. 32) haben wir bereits häufig mit Grundschul- und SekundarstufenlehrerInnen im Rahmen von Workshops und Kursen zur Sexualerziehung durchgeführt.

Sie kann auch im Rahmen von Fachkonferenzen oder schulinternen Fortbildungsveranstaltungen zur Sexualkunde verwendet werden. Wir haben herausgefunden, daß diese Übung die KollegInnen wirklich zum Reden bringt. Es versteht sich von selbst, daß dabei sensibel vorgegangen wird und daß genau erklärt wird, worum es in dieser Übung geht.

Wir haben festgestellt, daß GrundschullehrerInnen mit dieser Übung größere Schwierigkeiten zu haben scheinen als SekundarstufenlehrerInnen. Warum dies so sein mag? Es könnte damit zu tun haben, daß die KollegInnen die "Unschuld" der jüngeren Kinder bewahren wollen, oder aber auch mit dem Umstand, daß die Grundschulkollegien in der Regel kleiner sind als die in den Sekundarstufen, so daß hier der Faktor "Verlegenheit" wahrscheinlich stärker ins Spiel kommt. Eine wirklich befriedigende Antwort haben wir nicht.

Wir halten es für selbstverständlich, daß der gesamte Komplex "Sprache und Sex" in jeder Diskussion zur Sexualerziehung berücksichtigt wird, das schließt auch Eltern und Schulaufsichtspersonal ein.

Es kommt darauf an, was wir tun und wie wir es tun

Sprache und Sex

Aktivität

Die Teilnehmerrunde wird in drei gleich große Gruppen geteilt: 3-5 TeilnehmerInnen stellen eine arbeitsfähige Gruppengröße dar. Jede Gruppe hat einen großformatigen Papierbogen und einen dicken Filzschreiber. Die Aufgabe besteht darin, in freier Assoziation (Brainstorming) alle Begriffe zu notieren (ohne weitergehenden Kommentar), die den Beteiligten zu folgenden Bereichen einfallen:

a) weibliche Sexualorgane,
b) männliche Sexualorgane,
c) Geschlechtsverkehr.

Jede Gruppe bearbeitet einen Bereich. Der dafür vorgesehene Zeitrahmen beträgt 5-10 Minuten. Jede Gruppe reicht anschließend ihren Bogen an die nächste Gruppe weiter, die weitere Begriffe hinzufügt. Nachdem jede Gruppe für jeden Bereich ihre Ideen zu Papier gebracht hat, werden die Bögen für alle sichtbar aufgehängt.

Rückmeldung (Feedback)

Jedem Gruppenmitglied sollte Gelegenheit gegeben werden zu artikulieren, wie es sich bei dieser Aktivität gefühlt hat. Die anschließende Diskussion kann dann dadurch ausgeweitet werden, daß man sich die aus dieser Arbeit erwachsenen Fragestellungen und Probleme genauer ansieht.

Impulsfragen, Gesprächsanreize könnten etwa lauten:

1 "Wie haben Sie sich bei der Bewältigung dieser Aufgabe gefühlt?"

2 "Was ist Ihnen bei den einzelnen Listen aufgefallen (die Bögen werden der Reihe nach betrachtet)?"

3 "Welche Art von Begriffen sind gefunden worden?"

4 "Wie würden Sie die Begriffe gruppieren und klassifizieren?"

5 "Was zeigt uns der sprachliche Umgang über unsere Einstellung zum Sex?"

6 "Inwieweit kann all dies unsere Arbeit mit den Kindern beeinflussen?"

Lieben, Lernen, Lachen:

Lehrplanvorgaben

Viele der in diesem Buch beschriebenen Aktivitäten versetzen den/die LehrerIn in die Lage, die Entwicklung von Wissen, Fertigkeiten, Fähigkeiten und Vorstellungen voranzutreiben, entsprechend den nationalen Lehrplanvorgaben.

Durch die Umsetzung vieler dieser "Workshop"-Ideen lassen sich eine Menge von Fertigkeiten lernen und verbessern. Um bei der Identifizierung der Fertigkeiten und Fähigkeiten zu helfen, haben wir auf S. 34 ein eigenes ABC (Lexikon) angeboten. Es kann als Checkliste für die eigene Unterrichtsreflexion hilfreich sein.

Wir sollten uns daran erinnern, wie durch die hier entwickelten Fertigkeiten und Fähigkeiten auch andere Faktoren entwickelt und beeinflußt werden können:

- a) der Intellekt,
- b) die physischen Möglichkeiten,
- c) die eigene Wertschätzung,
- c) die Wertschätzung anderer.

Natürlich gibt es in den einzelnen Bundesländern unterschiedliche Lehrpläne. Es dürfte aber nicht schwerfallen, die meisten Inhalte dieses Buches auf die Lernziele in den Kernfächern zu beziehen.

Es kommt darauf an, was wir tun und wie wir es tun

Das ABC der Fertigkeiten

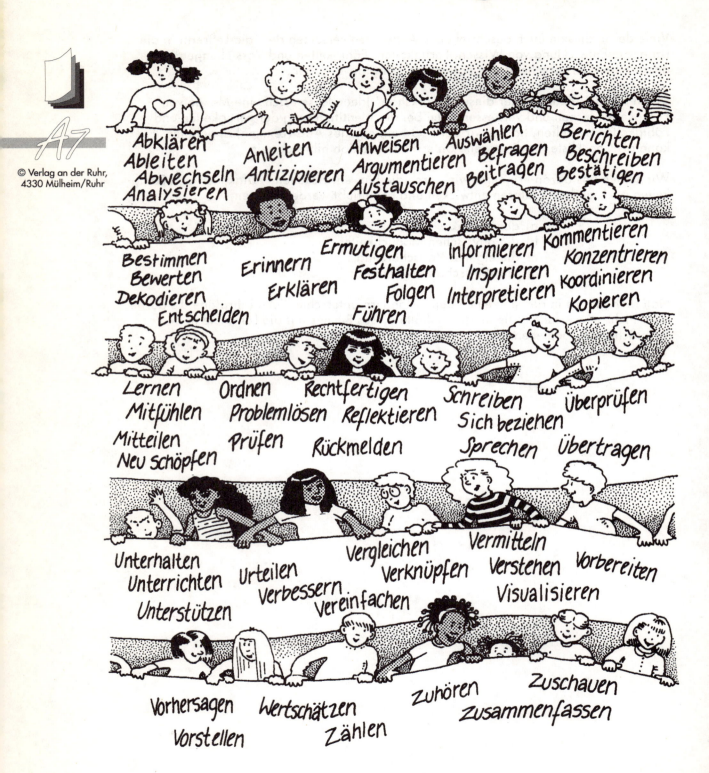

Der Sexualkunde-Workshop

Dieser Workshop ist gedacht für die Arbeit mit LehrerInnen, Eltern und Schulaufsichtspersonen.

Thema, Ziel
Ein Bewußtsein schaffen für Sexualerziehung in ihrer ganzen Bandbreite
TeilnehmerInnen tauschen Erfahrungen über ihre eigene Sexualerziehung aus und benutzen diese, um sich über die Bedürfnisse von jüngeren SchülerInnen zu informieren
TeilnehmerInnen benennen und stellen die Felder aus der Sexualerziehung und den sozialen Beziehungen zusammen, die GrundschülerInnen am Ende ihrer Grundschulzeit kennen sollten

Verlaufsplanung
Zeit: 60 Minuten

Einführung
Begrüßung der TeilnehmerInnen und Darlegen der Zielsetzungen der Sitzung. Denken Sie daran, die TeilnehmerInnen zu erinnern, daß die Arbeit nur über eine aktive Mitarbeit aller geleistet werden kann.

Aufwärmphase
Sollten Sie zu Beginn immer einplanen. Sie hilft, daß sich die TeilnehmerInnen miteinander beschäftigen und einander kennenlernen. Natürlich können Sie auf jedes Ihnen geläufige Kennenlern-Spiel zurückgreifen. Für unsere Arbeit fanden wir das "Personen-Bingo" immer sehr hilfreich, da es bereits auf das eigentliche Thema hinzielt. (Vgl. S. 41-44)

Vorerfahrungen der TeilnehmerInnen aufgreifen
Bitten Sie die TeilnehmerInnen, in 3er oder 5er-Gruppen über ihre Erfahrungen mit dem eigenen schulischen Sexualkundeunterricht zu sprechen.
War es genau das, was sie damals brauchten?
Hat es sie auf später vorbereitet?

Rückmeldung
Hier geben Sie den TeilnehmerInnen die Möglichkeit, sich zu bisher geäußerten Gedanken und Ideen mitzuteilen.

Es kommt darauf an, was wir tun und wie wir es tun

Individuelle Reflexionsphase

In dieser Phase kann jede/r TeilnehmerIn individuell an einer Checkliste arbeiten. Sie benötigen dafür die in entsprechender Anzahl fotokopierte Checkliste (für jede Adressatengruppe eine eigene, vgl. S. 38-40); Jede/r TeilnehmerIn sollte ein Schreibgerät haben.
Natürlich können Sie die einzelnen Aussagen von den verschiedenen Checklisten austauschen, verändern oder - was das Beste ist - Ihre eigene Liste machen.

Gruppenwechsel

Um wirklich gründlich arbeiten zu können, sollten die Kleingruppen hier nur 2, maximal 4 Personen umfassen. Eine Aufforderung wie "Gruppenwechsel" (vgl. S. 54 "Platz tauschen") gibt jedem/jeder TeilnehmerIn die Gelegenheit zur Mitarbeit in veränderter Gruppenzusammensetzung.

Rückmeldung

Hier erhält die gesamte Gruppe die Möglichkeit, die in den Kleingruppen entstandenen Ideen und Überlegungen kennenzulernen.

Lieben, Lernen, Lachen:

Freie Assoziation (Brainstorming)

Durch diese ungesteuerte Aktivität kann die gesamte Gruppe ihre Gefühle bei der Arbeit an den Checklisten ausdrücken.
Der/die GruppenleiterIn notiert alle Gedanken, die nach der folgenden Impulsfrage geäußert werden: "Welche der bislang angesprochenen Dinge sind für Sie wichtig?"

Brainstorming (Alternative)

Eine alternative Form kann durch folgenden Frageimpuls ausgelöst werden: "Was müssen Kinder über Sexualität und persönliche Beziehungen wissen, wenn sie die Grundschule verlassen?"

Erarbeitung einer Prioritätenliste

Einige der Diskussionspunkte werden für wichtiger gehalten werden als andere. Andere bedürfen einer eingehenderen Betrachtung. Das Erstellen einer Prioritätenliste ermöglicht es, alle Gedanken und Probleme zu ordnen und zu gruppieren. Diese Arbeit sollte in Kleingruppen getan werden.

Rückmeldung

Der/die jeweilige GruppenleiterIn listet die von den TeilnehmerInnen herausgearbeitete Rangfolge auf und informiert über die Kriterien der Entscheidungsfindung.

Schlußaktivität

Sie sollte möglichst darauf gerichtet sein, die Ergebnisse der Sitzung einer ersten Einschätzung zu unterwerfen. Ideen, wie eine solche Einschätzung geschehen kann, finden sich in Kapitel 3.

Es kommt darauf an, was wir tun und wie wir es tun

Checkliste für Lehrkräfte

Die Gruppenleitung sagt Ihnen, wieviel Zeit Sie für die individuelle Bearbeitung dieser Checkliste zur Verfügung haben. Danach bekommen Sie Gelegenheit, Ihre Ergebnisse mit ein bis zwei anderen TeilnehmerInnen zu besprechen.

© Verlag an der Ruhr, 4330 Mülheim/Ruhr

	stimme zu	stimme nicht zu
Es ist wichtig, daß sich die Schule um die Sexualerziehung kümmert, da es den Eltern schwerfällt, dieses Thema selbst anzusprechen.	☐	☐
Wir sollten Sexualerziehung wirklich nur dann thematisieren, wenn die Kinder mit eigenen Fragen kommen.	☐	☐
Für den Sexualkundeunterricht gibt es kein ausreichendes Unterrichtsmaterial.	☐	☐
Sexualkunde sollte möglichst in gleichgeschlechtlichen Lerngruppen unterrichtet werden.	☐	☐
Über bestimmte Aspekte bin ich nicht so hinreichend informiert, um Sexualkunde zu unterrichten.	☐	☐
Ich bin der Meinung, daß wir uns mit einem Sexualkundeunterricht möglicherweise gegen kulturelle und moralische Auffassungen des Elternhauses stellen.	☐	☐
Ich befürchte, daß es wahnsinnig lange dauert, im Kollegium einen Konsens zur Sexualerziehung zu erreichen.	☐	☐
Wenn wir keinen Sexualunterricht anbieten, werden sich Kinder ihre eigenen Erklärungen ausdenken.	☐	☐
Sexualkundeunterricht im weitesten Sinne zwingt mich dazu, meine methodischen Wege und Zugänge zu überdenken.	☐	☐

Lieben, Lernen, Lachen:

Checkliste für Eltern

Die Gruppenleitung sagt Ihnen, wieviel Zeit Sie für die individuelle Bearbeitung dieser Checkliste zur Verfügung haben. Danach bekommen Sie Gelegenheit, Ihre Ergebnisse mit ein bis zwei anderen TeilnehmerInnen zu besprechen.

	stimme zu	stimme nicht zu
Ich würde es vorziehen, die Sexualerziehung selbst zu übernehmen, statt sie der Lehrkraft zu überlassen.	☐	☐
Ich bin der Auffassung, daß in der Grundschule nicht über Krankheiten gesprochen werden sollte, die durch Geschlechtsverkehr übertragen werden.	☐	☐
Ich glaube, daß Sexualerziehung die Kinder dazu ermutigen kann, in Eigenverantwortung über ihre persönlichen Beziehungen zu entscheiden.	☐	☐
Wenn Kinder bereits recht früh Informationen zur Sexualität erhalten, haben sie zu einem späteren Zeitpunkt sehr viel weniger Scheu, mit dem Thema umzugehen.	☐	☐
Wenn LehrerInnen im Unterricht Sexualität behandeln, nehmen die Kinder das Thema sehr viel ernster.	☐	☐
Sexualkundeunterricht sollte auch die spezifisch männlichen bzw. weiblichen Einstellungen zum Sex und zur Sexualität berücksichtigen.	☐	☐
Ich bin der Auffassung, daß Kinder sehr genau wissen sollten, wie ihr Körper funktioniert.	☐	☐
Ich bin der Meinung, daß einige Bereiche menschlichen Sexualverhaltens in der Schule nicht diskutiert werden sollten.	☐	☐
Die jungen Leute von heute müssen mehr über Sexualität wissen als zu meiner Schulzeit.	☐	☐
Ich meine, daß die Sexualerziehung im Rahmen der Familie erfolgen sollte.	☐	☐

A8

© Verlag an der Ruhr,
4330 Mülheim/Ruhr

Es kommt darauf an, was wir tun und wie wir es tun

Checkliste für Schulaufsichtspersonal

© Verlag an der Ruhr, 4330 Mülheim/Ruhr

Die Gruppenleitung sagt Ihnen, wieviel Zeit Sie für die individuelle Bearbeitung dieser Checkliste zur Verfügung haben. Danach bekommen Sie Gelegenheit, Ihre Ergebnisse mit ein bis zwei anderen TeilnehmerInnen zu besprechen

	stimme zu	stimme nicht zu
Sexualkundeunterricht zielt darauf ab, Selbstvertrauen zu entwickeln.	☐	☐
Sexualkundeunterricht zielt darauf ab, Verantwortungsbewußtsein zu entwickeln.	☐	☐
Im Sexualkundeunterricht geht es um Selbstbehauptung.	☐	☐
Im Sexualkundeunterricht können Kinder etwas über das Funktionieren ihres Körpers lernen.	☐	☐
Der Sexualkundeunterricht ist der Ort, wo Kinder etwas über die Gefahren von AIDS und Geschlechtskrankheiten erfahren.	☐	☐
Sexualkundeunterricht soll das Selbstwertgefühl entwickeln helfen.	☐	☐
Sexualkundeunterricht erweitert das Bewußtsein des Kindes für sexuelle Ausdrucksformen.	☐	☐
Sexualkundeunterricht ermutigt Kinder, besser auf ihre eigenen Gefühle und die anderer zu achten.	☐	☐
Sexualkundeunterricht zielt darauf ab, daß die Menschen ihre eigene Sexualität genießen können.	☐	☐
Im Sexualkundeunterricht erfahren die Kinder etwas über die Gefahren der sexuellen Ausbeutung.	☐	☐

Lieben, Lernen, Lachen:

Personen-Bingo

Zielsetzung

Die TeilnehmerInnen ermutigen, aufeinander zuzugehen und sich miteinander bekannt zu machen. Dabei geraten gleichzeitig einige Aspekte ins Blickfeld, die im weiteren Verlauf des Workshops näher behandelt werden sollen.

Ablauf

Fotokopierte Arbeitsblätter (S. 42-44) werden an jede/n TeilnehmerIn ausgegeben. Die Arbeitsanweisung lautet:
"Tragen Sie in jedes Rechteck den Namen eines/einer weiteren Teilnehmers/Teilnehmerin ein, indem Sie ihn/sie fragen, ob er/sie der vorgelesenen Aussage zustimmt. Lautet die Antwort JA, tragen Sie den Namen in das betreffende Rechteck ein. Ist die Antwort dagegen NEIN, suchen sie sich eine/n neue/n PartnerIn."

Alle TeilnehmerInnen stehen auf und befragen sich gleichzeitig. Diese Aktivität kann zwar über eine erhebliche Zeitspanne ausgedehnt werden, doch wir schlagen vor, diese Phase auf ca. 10 Minuten zu begrenzen.

Auf diese Weise mischt sich die Gruppe ganz toll. Nach der Aufforderung, diese Phase zu beenden, bitten Sie darum, daß jede/r mit der ihm/ihr gerade in der Nähe stehenden Person als Team weiterarbeitet. Alternativ können Sie auf die Rückseiten der ausgegebenen Arbeitsblätter auch Zahlen und Farben setzen, so daß sich darüber die Paare mit gleicher Zahl oder Farbe zusammenfinden.

Haben alle ihre/n PartnerIn gefunden, sollen sich alle wieder setzen. Provozieren Sie Stellungnahmen durch Fragenimpulse:

"Warum wurden diese Statements ausgewählt?"
"Was haben diese Aussagen mit Sexualkunde zu tun?"
"Hätten Sie andere Aussagen gewählt?"

Geben Sie den Zweier-Teams jeweils 5 Minuten Zeit für die Arbeit und nochmal 5 Minuten, um ihre Ansichten vor der ganzen Gruppe darzustellen.

Die gesamte Aktivität soweit sollte etwa 20-25 Minuten in Anspruch nehmen.

Es kommt darauf an, was wir tun und wie wir es tun

Personen-Bingo: Aussagen für LehrerInnen (Vorschlag)

Jemand, der bereits selbst in der Grundschule Sexualkundeunterricht erhalten hat.	Jemand, der die/den Schulärztin/Schularzt um Unterstützung beim Sexualkundeunterricht gebeten hat.
Jemand, der Unterrichtsvideos im Sexualkundeunterricht eingesetzt hat.	Jemand, der es als problematisch empfindet, wenn Jungen und Mädchen sich vor dem Sportunterricht gemeinsam im selben Raum umkleiden.
Jemand, der in einer Illustrierten einen Liebesroman gelesen hat.	Jemand, der mit den Vulgärausdrücken über Sex Schwierigkeiten hat.
Jemand, der der Auffassung ist, daß Sexualerziehung Aufgabe der Eltern ist.	Jemand, der sich nicht wohlfühlen würde, mit Kindern über HIV und AIDS zu sprechen.

Lieben, Lernen, Lachen:

Personen-Bingo: Aussagen für Eltern (Vorschlag)

© Verlag an der Ruhr, 4330 Mülheim/Ruhr

Jemand, der mit dem eigenen Kind sehr offen umgeht.	Jemand, der mit dem eigenen Kind schon einmal über HIV/AIDS gesprochen hat.
Jemand, der sich gerne Familienserien/Seifenopern anschaut.	Jemand, der das eigene Kind dazu erzieht, sich selbst zu behaupten.
Jemand, der meint, bei der eigenen Sexualaufklärung etwas vermißt zu haben.	Jemand, der gerne Popmusik hört.
Jemand, der souverän mit sexuellen sprachlichen Ausdrücken umgehen kann.	Jemand, der der Auffassung ist, daß Sexualerziehung nicht Aufgabe der Schule ist.

Es kommt darauf an, was wir tun und wie wir es tun

Personen-Bingo: Aussagen für Schulaufsichtspersonen (Vorschlag)

© Verlag an der Ruhr,
4330 Mülheim/Ruhr

Jemand, der in der Grundschule bereits selbst Sexualkundeunterricht erhalten hat.	Jemand, der meint, daß Sexualkundeunterricht unerwünschte Schwangerschaft verhindert.
Jemand, der meint, daß der Anblick eines barbusigen Titelmädchens niemandem schadet.	Jemand, der meint, daß biologische Erklärung der Fortpflanzung genug ist.
Jemand, der Selbstbehauptung als Teil des Sexualkundeunterrichts ansieht.	Jemand, der sich gerne Familienserien/Seifenopern im Fernsehen anschaut.
Jemand, der meint, daß man Sexualkundeunterricht solange nicht machen sollte, bis die Kinder selbst entsprechende Fragen stellen.	Jemand, der der Auffassung ist, daß der Sexualkundeunterricht einige Eltern vor den Kopf stoßen könnte.

3 Einfach anfangen

Die in diesem Kapitel dargestellten Ideen können in den verschiedensten Situationen angewandt und umgesetzt werden. Die vorgeschlagenen Aktivitäten zielen sowohl darauf ab, kooperative Lern- und Arbeitsformen zu fördern, als auch eine Klassenraumatmosphäre zu schaffen, in der die Kinder aus sich herauskommen und sich nicht scheuen, ihre eigenen Wertvorstellungen zu artikulieren.

Wir sind uns sehr wohl bewußt, daß Kinder, die nicht an Gruppenarbeit gewöhnt sind, Verhaltensweisen zeigen können, die unserem kooperativen Unterrichtsstil nicht förderlich sind. Gleichermaßen sehen wir, daß einige LehrerInnen stärker dem Frontalunterricht zuneigen. Wir schlagen daher vor, daß LehrerInnen und SchülerInnen, die wenig Erfahrung im Umgang mit Gruppenarbeit haben, diese Form des "Werkstattunterrichts" schrittweise für sich adaptieren. Zum Beispiel ist "Brainstorming" eine leicht durchzuführende Aktivität, mit der es sich lohnt zu beginnen.

Wir haben bemerkt, daß LehrerInnen, wenn sie erst einmal Erfahrungen auf dem neuen Weg gesammelt haben, eine ganze Menge eigener neuer Ideen entwickeln. Haben sie diesen Weg erst einmal eingeschlagen, sind sie meist angenehm überrascht von dem positiven Engagement ihrer SchülerInnen, das aus dieser Gruppenarbeit resultiert.

Lieben, Lernen, Lachen:

Werkstatt-Ideen von A bis Z

Abzählen

Eine Möglichkeit, Gruppen zu bilden, ist das Abzählen. Wollen Sie fünf Gruppen einrichten, so zählen Sie alle Kinder der Reihe nach ab: 1-2-3-4-5, 1-2-3-4-5 usw. Fordern Sie dann alle mit der Nr. 1 auf, eine Gruppe zu bilden, dann alle mit der Nr. 2, Nr. 3 usw., bis jedes Kind einer Gruppe zugeordnet ist. Bei jüngeren SchülerInnen können Sie auch mit Begriffen arbeiten, z.B. "Obst" - Pfirsich, Birne, Apfel, Orange, Banane - oder "Körperteile" - Fuß, Hand, Ellbogen, Nase, Ohren.

"Aha!"

Es können Schreibhefte an die SchülerInnen ausgegeben werden, die als "Aha"-Hefte bezeichnet werden. Damit wird den Kindern Gelegenheit gegeben, bestimmte Lernvorgänge schriftlich oder in zeichnerischer Form festzuhalten. Gleichermaßen können die Hefte benutzt werden, um Fragen zu notieren, auf die ein Kind während der Arbeit stößt. LehrerInnen können im Klassenraum auch einen "Aha"-Kasten einrichten, in den die Kinder ihre Ideen, Vorschläge und Fragen einwerfen.
Großformatige Papierbögen oder Kartons mit der Überschrift "Aha" können eine Zeitlang an der Wand aufgehängt werden. Dort können die Kinder für alle anderen ihre Ideen notieren.

Aufstellen

Bei dieser Aktivität sollen sich die SchülerInnen nach bestimmten Kriterien der Reihe nach aufstellen. Geben Sie z.B. die Anweisung: "Stellt euch entsprechend eurem Geburtsmonat auf", so sollten Sie den Kindern noch zeigen, welches Ende des Raumes für Januar und welches für Dezember steht. Sie können aber auch ein Aufstellen nach dem Alter (vom Ältesten zum Jüngsten) vornehmen lassen.
Nehmen Sie aber größte Rücksicht auf die Gefühle der Kinder, wenn Sie sie nach bestimmten anderen Kriterien, wie z.B. der Körpergröße, aufstellen wollen.
Das Aufstellen kann auch mit einem Schweigegebot einhergehen, so daß die Kinder sich eine andere Form der Kommunikation ausdenken müssen.
Stehen die Kinder dann in einer Reihe, können sie entsprechend ihrer Position zu neuen Gruppen zusammengesetzt werden. Hat sich in einer Lerngruppe eine echte Vertrauensbasis entwickelt, können Sie die Kinder auch bitten, sich entsprechend ihren Beiträgen in einem bestimmten Unterrichtsabschnitt aufzustellen, z.B.: wer hat viele und wer nur wenige mündliche Beiträge geliefert. Auf diese Weise werden die SchülerInnen auch ermuntert, sich mit ihrem eigenen Beitrag zur Gruppenarbeit auseinanderzusetzen.

Einfach anfangen

47

Aufwärmen

Diese manchmal auch als "Eisbrecher" bezeichnete Aktivität am Beginn einer Sitzung zielt darauf ab, daß sich die TeilnehmerInnen gedanklich einklinken oder miteinander umgehen.
Diese Übung ist besonders für solche Gruppen notwendig, die neu zusammengesetzt wurden oder in denen sich die TeilnehmerInnen nicht sehr gut kennen. Aber auch wenn die TeilnehmerInnen bereits gut miteinander bekannt sind, stellt der "Aufwärmer" eine hervorragende Möglichkeit dar, um eine Basis für ein kooperatives Umgehen zu schaffen.

Brainstorming

Diese Stürme im Kopf werden durch Fragen entfacht.
Brainstorming als allseits bekannte Technik wird unserer Erfahrung nach viel zu selten eingesetzt. Der Grundgedanke beim Brainstorming besteht darin, daß jede Idee, jeder Vorschlag von den Kindern ohne eine weitere Diskussion zu diesem Zeitpunkt für alle sichtbar schriftlich festgehalten wird (z.B. Wandtafel). Das Brainstorming erlaubt der Gruppe, mit ihren gedanklichen Vorstellungen "spazierenzugehen". Richtig angewandt, bringt das Brainstorming eine Menge "Quergedachtes" hervor. Die Diskussion der geäußerten Gedanken und Ideen folgt auf das Brainstorming.

LehrerInnen unterliegen leicht der Versuchung, scheinbar unzusammenhängende Begriffe wegzuzensieren. Auch wir haben erfahren, daß es schwer fällt, sich bei einigen der geäußerten Ideen und Vorschlägen einem Werturteil zu enthalten.
Diese, wie auch die meisten der übrigen Aktivitäten, sollte möglichst rasch vonstatten gehen. Es ist eine gute Idee, sich Ziele oder Zeitlimits zu setzen.

Buchführung

In einer entspannten Klassenraumatmosphäre, in der Ideen ausgetauscht werden und jeder Beitrag gewürdigt wird, läßt sich leicht die Technik der Buchführung anwenden. Alle Ergebnisse aus Gesprächen werden in einer solchen Form festgehalten, daß sie von der ganzen Klasse gesehen und gemeinsam akzeptiert werden können. Dies muß nicht immer durch die Lehrkraft erfolgen; auch SchülerInnen können diese Aufgabe übernehmen. Es fördert die Technik des Zuhörens und die Schreibfertigkeit in ganz erheblichem Maße.

Checkliste

Manchmal brauchen Kinder bei ihrer Arbeit Hilfestellung oder kleine Erinnerungen, was sie eigentlich machen und wonach sie suchen. Hier ist die Checkliste eine große Hilfe. Sie kann an die Tafel geschrieben oder als Arbeitsblatt an die SchülerInnen ausgegeben werden.
Bereitet sich die Klasse beispielsweise auf den Empfang eines/einer Besuchers/Besucherin vor, könnte die Checkliste folgendes umfassen:
      Wie soll der Raum vorbereitet werden?
      Wer soll den Besuch empfangen?
      Wer stellt die erste Frage?
Checklisten können von den Kindern selbst entworfen werden.

Lieben, Lernen, Lachen:

Datensammlung

Dies ist ein wichtiger Arbeitsschritt bei der Erkundung persönlicher Beziehungen. Kinder stellen gern Fragebögen zusammen, um sie anschließend ausfüllen zu lassen. Beachten Sie dabei jedoch, daß dies sehr zeitaufwendige Aktivitäten sind. Außerdem besteht die Gefahr, daß die Klasse sich vom Unterricht weg auf den Pfad des Freizeitspaßes begibt. Bei den vorbereitenden Arbeiten sollte man die Kinder auf die Rechte anderer auf die eigene Privatsphäre aufmerksam machen. Wichtig ist auch der Hinweis, daß das Sammeln der Daten so neutral und wertfrei wie möglich erfolgen muß.

Informationen können dann in unterschiedlicher Form festgehalten werden, z.B. in Säulen- oder Kreisdiagrammen oder auch in Graphiken.

Der-Reihe-nach

Kindern fällt es meist sehr schwer abzuwarten, bis sie an der Reihe sind. Deshalb reden sie auch meist zur selben Zeit. Ein einfaches Hilfsmittel zum Einüben des Abwartens ist ein Ball.
Nur wer im Besitz des Balls ist, darf sprechen. Natürlich müssen wir darauf achten, daß der Ball möglichst vielen Kindern in die Hände kommt.

Eine andere Idee ist die Benutzung eines Wollknäuels. Dazu muß man im Kreis sitzen. Hat ein Kind seinen Beitrag geleistet, hält die Lehrkraft das eine Ende des Bindfadens fest und gibt die Rolle an dieses Kind weiter. Wenn das nächste Kind zu Ende gesprochen hat, reicht das erste Kind die Rolle an dieses Kind weiter, hält aber selbst mit einer Hand den Faden fest. Von jedem/jeder weiteren SprecherIn wird die Rolle wieder weitergegeben. Soll das entstandene Bindfadennetz wieder entwirrt werden, muß das Kind, das zuletzt gesprochen hat, einen Gedanken seines/seiner Vorgängers/Vorgängerin wiedergeben. In dieser Weise wird die Reihe fortgesetzt, bis die aufgewickelte Bindfadenrolle wieder bei der Lehrkraft angelangt ist.

Die Kinder der Lerngruppe können auch Schilder, mit A, B, C oder 1, 2, 3 bezeichnet, bekommen. Dann gibt man ihnen eine Aufgabe, die sie der Reihe nach in einer bestimmten Zeit bewältigen sollen; z.B. sagt die Lehrkraft: "Eine Minute lang sprechen die A's in jeder Gruppe über... Jetzt sind alle B's für eine Minute an der Reihe."

Auch durch die Verwendung eines Kartenspiels kann ein geordnetes Nacheinander gefördert werden. Das Kind, das eine bestimmte Karte gezogen hat, beginnt, gefolgt von einem mit einer dann zu benennenden Karte. Natürlich gibt es hier eine Menge Varianten.

Einfach anfangen

Einführung

Auch wenn es selbstverständlich erscheint, soll an dieser Stelle noch einmal darauf hingewiesen werden, daß den Kindern zu Beginn einer Unterrichtssequenz ein kurzer Überblick über das Thema zu geben ist. Dadurch entmystifizieren wir den Lernprozeß. Durch eine entsprechende Einführung befähigen wir die Kinder, sowohl die Zielsetzung als auch die Herangehensweise in der zur Verfügung stehenden Zeit zu erkennen.

Fallstudien

Fallstudien oder Fallbeispiele sind gute Möglichkeiten, Gespräche in Gang zu setzen. So kann z.B. einer Kleingruppe in schriftlicher Form eine kurze Beschreibung gegeben werden, die das Verhalten von Menschen in bestimmten Situationen darstellt. Die Kinder lesen die Beschreibung gemeinsam durch. Auswertungsvorschläge und Impulsfragen helfen ihnen beim Nachdenken und beim gegenseitigen Austausch ihrer Ansichten.

Die Kinder können auch ermutigt werden, eigene Fallbeispiele mit anschließenden Fragen aufzuschreiben. Das kann auch in Form von Comic strips geschehen.

Unserer Erfahrung nach sind Fallstudien mit einem offenen Ende geeignet, ein Gespräch in Gang zu setzen.
Wie bei so vielen anderen in diesem Buch vorgeschlagenen Aktivitäten bringen wir die Kinder auch hier dazu, die Welt aus einer anderen Perspektive wahrzunehmen.

Fragen

Während einige Frageformen Kinder anregen, kreative Antworten zu formulieren, tun dies andere nicht. Fragen, die z.B. mit den Wörtern "Wie?", "Warum?" und "In welcher Weise?" beginnen, sind offen, wohingegen solche, die mit "Was?" oder "Wann?" eingeleitet werden, lediglich kurze Antworten, aber kein weitergehendes Gespräch provozieren. Erfahrene LehrerInnen werden den Augenblick abpassen, an dem sie bei der Kleingruppenarbeit eingreifen, um durch offene Fragen weitere Denkprozesse bei den Kindern anzustoßen.

Gibt man zwei oder mehr Fragen auf einmal, sollte man sie der arbeitenden Kleingruppe besser aufschreiben.

Füße vertreten

Nach einer intensiven Arbeitsphase ist es gut, wenn sich die Kinder im Klassenraum die Füße vertreten. Beim Herumgehen bekommen sie die Arbeitsergebnisse der anderen Gruppen mit, was wiederum ein Ansporn für die eigene Arbeit bedeuten kann. Noch während des Herumgehens kann man durch folgende Fragen weitere Impulse geben: "Was hast du beim Anschauen der Arbeiten der anderen gelernt?" oder "Hatten andere die gleichen Idee wie du?"

Graffiti-Wand

Diese Form der Auswertung kann am Ende einer Unterrichtsstunde oder am Ende des Schultages eingesetzt werden.

Lieben, Lernen, Lachen:

Hängen Sie eine große Papier- oder Tapetenbahn an die Wand. Das Ganze sollte so aussehen wie eine Mauer. Die Kinder können zu den stattgefundenen Aktivitäten jeden möglichen Kommentar darauf schreiben. Die Kommentare sind natürlich anonym.
LehrerInnen, die zu ihrer Lerngruppe ein Vertrauensverhältnis haben, werden sich über positive und negative Kommentare gleichermaßen freuen.

Wir haben gute Erfahrungen damit gemacht, einen Teil einer Wand als vorübergehende Graffiti-Fläche zu reservieren. Die Kinder nutzen sie häufiger, wenn sie es ohne Druck tun können.

Sie können die Kinder auch bitten, ihre jeweiligen Äußerungen auf einen Zettel zu schreiben und diesen an die Graffiti-Wand anzuheften. Dadurch vermeiden Sie, daß die Ideen anderer einfach kopiert werden.

Spielregeln

Um sicherzustellen, daß die Klasse ihr Verhalten eigenverantwortlich regelt, kann man Spielregeln verabreden oder Verträge abschließen. Dieser Prozeß kann von der gesamten Gruppe mit einem Brainstorming begonnen werden. Eine Ausgangsfrage wäre z.B.: "Wenn wir als ganze Klasse zusammenarbeiten wollen, welche Grundregeln müssen wir dabei beachten?" Die von den Kindern gemachten Vorschläge können folgende Aspekte umfassen: aufeinander hören; es redet immer nur einer zur gleichen Zeit; jeder hat das Recht zu "passen", eine Frage weiterzugeben usw. Auf die Brainstorming-Phase folgend, müßte in Kleingruppen-Diskussionen herausgefunden werden, ob man mit diesen Regeln leben kann.
Es gibt Lehrkräfte, die solche Grundregeln mit ihren SchülerInnen zu Beginn eines Schuljahres erarbeitet haben und sie in schriftlicher Form im Klassenraum aufgehängt haben. Es ist sicherlich keine schlechte Idee, diese Grundregeln von Zeit zu Zeit auf ihre Gültigkeit hin zu überprüfen.

Impuls

Ein Impuls ist etwas, das eine Aktivität auslöst. Dies kann fast alles sein: ein Vorschlag, eine Idee, ein Gegenstand, ein Gedicht, ein Bild, ein Ausschnitt aus einem Videofilm. Der Impuls funktioniert aber nur dann, wenn die dann folgenden Fragen wirklich an den Impuls anknüpfen und helfen, weitergehende Ideen zu entwickeln oder sich dafür zu öffnen.

Interviews

(Erfahrungen mit BesucherInnen)

Diese Idee unterscheidet sich von dem traditionellen Vorgehen, eine/n BesucherIn in den Klassenraum zu holen, der/die als ExpertIn für die eine oder andere Sache auftritt. Bei dieser Aktivität tragen die Kinder selbst zur Entscheidung bei, wen sie in die Schule einladen wollen, warum sie gerade ihn/sie bitten und was sie ihn/sie fragen möchten. Absicht ist hier, die ganze Klasse mit einzubeziehen, so daß so viele Kinder wie möglich Vorschläge für Fragen machen. Danach legen sie fest, wer den Besuch bei der Ankunft in der Schule empfängt und begrüßt, wer die Begleitung zum Klassenraum übernimmt usw. Je älter die SchülerInnen sind, desto mehr Verantwortung können sie natürlich übernehmen. Trotzdem sollte man an den Grundsatz denken: "Je mehr mir etwas 'gehört', desto mehr werde ich daraus lernen."

Einfach anfangen

Karussell

Es gibt zwei Arten des Karussells. Beide möchten wir für die Arbeit mit GrundschülerInnen vorschlagen. In beiden Formen geht es um Problemlösungsverhalten und um Informations- bzw. Erfahrungsaustausch. Es ist ratsam, vor dem "Aufbau" des Karussells klare und kurze Anweisungen zu geben.

(a) Man teilt die Klasse in drei gleich große Gruppen. Hinweise, wie dies geschehen kann, finden sich in diesem Kapitel. Jeder Gruppe wird eine unterschiedliche Aufgabe gegeben, z.B. einen Text zu lesen und zu diskutieren. Dafür wird eine zeitliche Begrenzung festgelegt.
Gegen Ende des Zeitabschnitts geht man herum und zählt die SchülerInnen einer jeden Gruppe ab, z.B. A, B, C... Auf ein Signal hin werden alle A's aufgefordert, eine neue Gruppe zu bilden; das gleiche geschieht mit den B's und C's. Die Kinder in den neuen Gruppen erhalten den Auftrag, sich gegenseitig die Gesprächsergebnisse aus der vorangegangenen Gruppenarbeit mitzuteilen. Dies ist eine sehr effektive Methode, Informationen und Erfahrungen zusammenzufügen. Falls notwendig, kann man auch ein Klassengespräch ansetzen, um die Lernergebnisse zu präzisieren.

(b) Die Klasse wird in Gruppen, z.B. zu acht Kindern eingeteilt. Jeweils vier Kinder sitzen sich auf zwei Stuhlreihen gegenüber. Zur Besprechung der Aufgabe gibt man den Paaren einen Zeitraum vor. Die Aufgabenstellung kann ein Rollenspiel sein, ein zu lösendes Problem darstellen oder ein Diskussionsthema beinhalten. Nach Ablauf der Zeit werden die Kinder einer Stuhlreihe aufgefordert, einen Platz weiterzurücken, so daß sie einem/einer neuen GesprächspartnerIn gegenübersitzen. Dadurch erhalten die Kinder Gelegenheit, die gleiche Situation unter einer veränderten Perspektive zu sehen. Ein Karussell kann natürlich auch aus mehr Kindern bestehen.

Lieben, Lernen, Lachen:

Kleingruppen

Bei der Bildung von Kleingruppen ist die Intention immer, daß jede/r einzelne Gelegenheit haben soll, einen eigenen Beitrag leisten zu können. Kleingruppen kann man kurze, zeitlich begrenzte Aufgabenstellungen geben. Jede Kleingruppe sollte motiviert sein, ihre Ergebnisse an die Großgruppe zurückzumelden.

Kreisgespräch

Es gibt Zeitpunkte, häufig gegen Ende einer Unterrichtsstunde oder nach Abschluß einer Kleingruppenarbeitsphase, wo es sinnvoll ist, alle SchülerInnen zusammenzuführen, damit sie ihre Ideen und Gefühle zu der gerade beendeten Unterrichtssequenz artikulieren. Die Lehrkraft bittet die Kinder, das der Reihe nach zu tun, dabei hilft sie einen Stuhlkreis zu bilden. Nun können die Kinder in der Runde einen Satzanfang ergänzen, z.B.: "Eine Sache, die ich heute gelernt habe, ist ..." oder "Das beste am heutigen Vormittag war ...". Wenn Sie diese Methode das erste Mal einsetzen, sollten Sie die Aussagen sehr einfach halten. Haben sich die Kinder dann daran gewöhnt, lassen sich auch komplexere Aussagen provozieren, z.B.: "Das nächste Mal möchte ich gerne etwas mehr über ... erfahren", oder auch affektive Aussagen: "Das Wort, das jetzt am besten mein Gefühl beschreibt, ist ...". Natürlich müssen Sie jedem/jeder SchülerIn das Recht einräumen, zu passen und das Wort weiter zu geben.

Nachbesprechung

Nachbesprechungen sind sehr wichtig. Ohne sie würde viel von dem Gelernten verlorengehen. Durch eine Nachbesprechung werden die Kinder ermuntert, sich noch einmal zu vergegenwärtigen, was sie verstanden oder wie sie sich bei einer Lernerfahrung gefühlt haben.

Nachbesprechungen können in Form von Kleingruppengesprächen oder als individuelle Antworten organisiert werden. Die Ergebnisse der Nachbesprechungen können in mündlicher oder schriftlicher Form artikuliert werden. Hilfreiche Fragen bei Nachbesprechungen sind:
"Was hast du gelernt?"
"Wie fühlst du dich jetzt?"
"Was sind die drei wichtigsten Dinge (Fakten), an die du dich erinnerst?"
"In welcher Weise wirst du das, was du heute gelernt hast, verwenden?"

Namenspiele

Damit sich Kinder zu Beginn eines Schuljahres oder auch Erwachsene in einer Workshop-Situation untereinander vorstellen und kennenlernen können, gibt es eine Reihe von Spielen. Am besten spielt man sie im Kreis. Hier sind zwei Möglichkeiten:

(a) Eine Person beginnt, indem sie sagt: "Ich bin Hans." Die Nachbarin sagt dann: "Ich bin Barbara, und das ist Hans." Die nächste Person äußert daraufhin: "Ich bin Gunda, das ist Barbara, und das ist Hans" usw.

(b) Ein sehr großer Bogen Papier wird auf den Boden in die Mitte des Stuhlkreises gelegt oder an der Wand befestigt. Nacheinander schreibt jede Person ihren Namen mit einem dicken Faserschreiber darauf und sagt zusätzlich noch etwas über den eigenen Namen aus, z.B.: "Mein Name ist Frank, aber alle nennen mich Frankie."

Einfach anfangen

Mischen von Gruppen

Ein sehr wichtiger Aspekt bei der Gruppenarbeit ist das Zusammenstellen von Kleingruppen.
Läßt man den Kindern dabei freie Hand, neigen sie dazu, nur mit ihren FreundInnen zu arbeiten. Ab und zu ist das sicherlich auch ganz nützlich. Einen größeren Gewinn bringt aber die Erfahrung, auch mit Menschen zusammenzuarbeiten, die man sich normalerweise nicht ausgesucht hätte. Dadurch können die persönlichen Qualitäten anderer besser entdeckt werden. Das wiederum führt dazu, daß die Kinder andere Menschen viel bewußter wahrnehmen. Dazu, wie man Gruppen mischen kann, finden Sie sowohl in diesem wie in anderen Kapiteln viele Vorschläge.

Paare bilden

Hier eine Methode, um Paare oder Kleinstgruppen zu bilden. Man verteilt an alle Gruppenmitglieder je ein Bild. Jedes Bild ist zweimal vorhanden und die Aufforderung lautet:
"Suche deine/n PartnerIn. Sie/er hat das gleiche Bild wie du." Dieser Vorgang läßt sich auch mit einem zusätzlichen Lerneffekt verknüpfen, wenn nicht nur Bild-, sondern auch Wortkarten verteilt werden. Dann sollen die Kinder Bild und zugehöriges Wort zusammenzufügen. In gleicher Weise lassen sich Tierbilder verwenden, auf denen jeweils das Mutter- und das Jungtier zu sehen sind. Als weitere Möglichkeit zur Paarbildung können ebenso Formplättchen (Kreis, Quadrat etc.) oder verschiedene Farbpapiere verwendet werden. Wofür man sich auch entschieden hat, die Aufgabe kann der jetzt gebildeten Gruppe als Ausgangspunkt für eine neue Aktivität dienen.

Partnerwahl

Dies ist eine schnelle Aktivität, die lebendig macht. Alle TeilnehmerInnen müssen dazu aufstehen. Man bittet die Kinder, sich ganz schnell nach verschiedenen Kriterien eine/n PartnerIn zu suchen. Die Aufforderungen lauten dann z.B.: "Suche jemanden, der die gleichen Farben trägt wie du und die gleiche Fernsehsendung wie du mag."

Dieser Vorgang ist bei der Umbildung von Gruppen sehr hilfreich und gibt den Kindern Gelegenheit, mit PartnerInnen zusammenzuarbeiten, die sie sich selbst nicht unbedingt ausgewählt hätten.

Platz tauschen

Hier sind einige Methoden, wie Kinder einen schnellen Gruppenwechsel vornehmen können. Die Klasse sollte im Stuhlkreis sitzen. Man fordert die Klasse auf, sich hinzustellen, und dann sollen die Kinder, die eine bestimmte Farbe tragen, die Plätze miteinander tauschen.

Danach können die SchülerInnen oder auch Sie selbst noch weitere Kriterien für einen Wechsel nennen (z.B.: Kinder, die gefrühstückt haben, Kinder, die in der Pause Fußball gespielt haben). Die Kriterien für einen Platzwechsel können variieren. Man kann auch Aussagen nehmen, die sich auf ein bestimmtes Vorwissen beziehen, z.B. wie lange ein Kind im Mutterleib wachsen muß, bis es geboren wird. Dieses Vorwissen kann dann überprüft werden.
"Plätze tauschen" ist auch eine schöne Methode zur Lernerfolgskontrolle. Ein möglicher

Impuls lautet dann: "Plätze tauschen alle, die heute etwas Neues gelernt haben", gefolgt von der Frage: "Was hast du gelernt?"

"Plätze tauschen" kann auch eingesetzt werden, um Kinder zu ermutigen, ihre Gefühle in einer bestimmten Unterrichtsstunde zu reflektieren. Auf diese Weise kann man in Erfahrung bringen, wieviel Spaß es den Kindern gemacht hat. Die Aufforderung lautet dann: "Plätze tauschen alle, denen heute etwas Spaß gemacht hat", gefolgt von der Frage: "Was hat dir am meisten Spaß gemacht?"
Nach unserer Erfahrung sollte das Ganze schnell gehen.

Puzzle-Bilder

Puzzle-Bilder eignen sich sehr gut zur Gruppenbildung. Man zerschneidet dazu ein Bild, eine schriftliche Arbeitsanweisung oder ein Informationsblatt. Die Anzahl der Puzzle-Stücke, in die das Aufgabenblatt zerschnitten wird, bestimmt die jeweilige Gruppengröße. Werden relativ kleine Gruppen gewünscht, muß man natürlich von dem Blatt mehr Fotokopien machen.

Jedes Kind erhält dann ein Puzzle-Stück. Nun müssen die Kinder versuchen, mit den entsprechenden PartnerInnen das Ganze wieder zusammensetzen. Haben sich die Gruppen gefunden, erhalten sie eine Aufgabe, die mit dem Puzzle zusammenhängt.

Raster

Raster sind sehr nützlich, wenn die Kinder miteinander kommunizieren sollen. Jede/r TeilnehmerIn erhält das gleiche Arbeitsblatt, das in eine Anzahl von Feldern gerastert ist. Jedes Feld hat eine Überschrift (z.B.: "Jemand, der weiß, was Pubertät bedeutet" - darunter eine Leerzeile und dann die Frage: "Was bedeutet das?"). Die Kinder sollen nun herumgehen und sich gegenseitig befragen, um jemanden zu finden, der die Fragen beantworten kann. Ziel ist es, alle Rasterfelder auszufüllen. Die Fragen können sich auf alles beziehen, was mit dem jeweiligen Unterrichtsthema zusammenhängt.

Reflexion

Während eines solch geschäftigen Schulvormittags wird nur zu leicht übersehen, daß Kinder auch kurze Pausen brauchen, um das Gelernte oder ihre Gefühle zu reflektieren. Unserer Erfahrung nach erleichtern gezielte Impulse den Kindern das Nachdenken über die Bedeutung der von ihnen gemachten Lernerfahrungen. So kann man beispielsweise anregen: "Ich möchte, daß ihr eure Arbeit für einen Augenblick unterbrecht. Schaut euch die von euch geleistete Arbeit noch einmal an, und denkt darüber nach, was für ein Gefühl ihr dabei habt."

Rollenspiel

Die meisten Kinder schlüpfen gerne in Rollen. Das Rollenspiel erlaubt ihnen herauszufinden, wie es ist, wenn man jemand anders ist. Rollenspiel-Situationen können entweder von den Kindern selbst ausgedacht oder von der Lehrkraft angeboten werden. Man kann zu zweit, in Kleingruppen oder mit der gesamten Gruppe arbeiten. Die Vorteile, die das Rollenspiel mit sich bringt, können jedoch vollständig verloren gehen, wenn keine Nachbesprechung erfolgt.
Mögliche Fragen sind: " Wie hast du dich als... gefühlt?" oder "Meinst du, daß sich Soundso als... richtig verhalten hat?"

Einfach anfangen

Rückmeldung

Dies ist ein unerläßlicher Teil in jeder Unterrichtsstunde und bei Workshop-Sitzungen. Durch sie haben die Kleingruppen-TeilnehmerInnen die Möglichkeit, der größeren Gruppe zu erzählen, was sie getan und gelernt haben.

SchreiberIn

"SchreiberIn" ist, wer die in der Gruppe artikulierten Ideen schriftlich festhält. In kleineren Gruppen kann es notwendig sein, sie oder ihn zu benennen. In anderen Fällen muß man vielleicht ein Rotationssystem einführen. Eine Möglichkeit stellt das Abzählen dar. Die Gruppenmitglieder werden durchnumeriert, und nach ein paar Minuten wird der Wechsel in der Protokollführung dann durch das Ausrufen einer neuen Zahl angekündigt.
In Klassen, in denen es Kinder mit Schreibschwierigkeiten gibt, können sich schreibende Pärchen gegenseitig helfen. Natürlich muß dabei behutsam vorgegangen werden. Eine genaue Kenntnis der Lerngruppe ist notwendig.

Stille

Wir sollten nicht meinen, daß in Phasen der Stille nichts geschieht, nur weil nicht gesprochen wird. Stille ist bei der Arbeit mit SchülerInnen- und Erwachsenengruppen von außerordentlicher Bedeutung, da sie die Möglichkeit einer Reflexion eröffnet. Wir bitten die Kinder immer, die Augen zu schließen, so daß sie sich intensiver konzentrieren können.

Stuhlkreis

Das Bilden eines Kreises scheint kaum der Rede wert zu sein, aber es ist die einzige Sitzordnung, in der alle Kinder einander sehen und die Körpersprache der anderen bewußt wahrnehmen können. Wir versuchen immer, mit den Kindern auf gleicher Höhe zu sitzen und der Gruppe ein Gefühl von Gleichrangigkeit zu vermitteln. In überfüllten Klassenräumen kann es organisatorische Schwierigkeiten geben. Wir halten diese Form jedoch für so wichtig, daß wir nicht nur zu "Workshop-Zeiten", sondern auch zum Geschichtenerzählen und zum Austausch von Neuigkeiten dafür sorgen, daß ausreichend Platz für einen Stuhlkreis geschaffen wird.

Tagesordnung

Tagesordnungen sind ein Angebot, den Weg zu strukturieren, den Gruppen durch eine Reihe von Themen einschlagen sollen. Wir finden es hilfreich, wenn die Tagesordnungspunkte für alle sichtbar schriftlich fixiert sind, selbst wenn es nur zwei oder drei sind. Für eine Gruppe ist es durchaus von Wert, ihre eigene Tagesordnung festzulegen, um damit auch eine Gewichtung der einzelnen Punkte vorzunehmen.

Tierlaute

Hierfür bereiten Sie einen Stapel von Bild- oder Wortkarten vor, auf denen jeweils das Bild oder der Name eines Tieres zu sehen ist. Insgesamt sollten nicht mehr als vier oder fünf Tiere ausgewählt werden. Die Karten werden an die Kinder verteilt, die auf ein verabredetes Signal hin den Laut ihres Tieres produzieren. Dies ist eine lustige und laute Form, vier oder fünf Kleingruppen zu bilden.

Lieben, Lernen, Lachen:

Weiter

Während einer Gruppenaktivität, in der jeder nacheinander etwas sagen muß, kann es für einige Kinder beunruhigend oder sogar beängstigend sein, plötzlich im Rampenlicht zu stehen. Sie sollten deshalb von Anfang an die Spielregel einführen, daß jeder das Recht hat auszusetzen, indem er "weiter" sagt und damit sein Rederecht weiterreicht. Ist die Runde beendet, dürfen diese SchülerInnen ihren Beitrag anfügen.

Worttennis

Diese Aktivität bringt SchülerInnen dazu, in rascher Folge Wortketten zu assoziieren. Um dies zu tun, wird paarweise gearbeitet. Die Lehrkraft gibt eine Kategorie vor (z.B. Mädchennamen). Eine/r der beiden PartnerInnen beginnt, indem er /sie ein Wort sagt, welches in die Kategorie paßt, und der/die PartnerIn muß dann ein anderes Wort nennen, das ebenfalls in diese Kategorie gehört. Nach einer Zeit sollte man die Kategorie wechseln.
Dieses wird solange fortgesetzt, wie man es für sinnvoll hält. Die Paare arbeiten alle gleichzeitig und sollten für jede Kategorie nicht mehr als 30-40 Sekunden Zeit haben.

Worttennis kann ein sehr wertvoller Impuls für Diskussionen sein. So kann die Aufforderung an die Kinder z.B. lauten, zuerst männliche Berufe und danach weibliche Berufe zu nennen.
Dies kann zu einem Gespräch über Stereotypen führen.

Die Methode läßt sich auch verwenden, um die Bezeichnungen für die Körperteile zu wiederholen. Gleichermaßen nützlich ist es auch für eine Auswertung. Sie können z.B. als Kategorie vorgeben: "Wörter, die unsere bisherige Arbeit beschreiben".

Einfach anfangen

Auswertung: Und wie war es für dich?

Wir schlagen vor, daß jede Workshop-Sitzung auch eine Auswertungsphase enthält. Diese Auswertung zeigt den Kindern nicht nur, daß ihre Gefühle und Gedanken wichtig sind, sondern spornt sie auch an, das eigene Tun und das Gelernte zu reflektieren. Dadurch lernen die Kinder, ihre Gefühle besser zu verstehen, und sie lernen auf diesem Wege, daß sie das Recht haben, auch in konstruktiver Form Kritik zu üben.
Die Auswertungsphase informiert die Lehrkraft über den Erfolg oder Mißerfolg bestimmter Unterrichtsphasen.

Von einem bestimmten Zeitpunkt an kann auch eine Selbstbeurteilung eingeführt werden. Nach unseren Erfahrungen werden dadurch sehr positive Reaktionen hervorgerufen. Denn sehr häufig haben Kinder und Erwachsene Schwierigkeiten, ihre eigenen Lernfortschritte einzuschätzen oder auch nur wahrzunehmen.

Alle Auswertungsaktivitäten können zu weiteren Gesprächen führen, die mit der ganzen Lerngruppe, den Kleingruppen oder einzelnen SchülerInnen stattfinden. Frageimpulse können sein:

"Warum hast du dich so gefühlt?"

"Was lief gut?"

"Was ging schief?"

"Was ist dir persönlich gut gelungen?"

"Was könntest du das nächste Mal anders machen?"

"Was hast du über dich selbst/über andere herausgefunden?"

Es ist gut, sich ein großes Repertoire an Auswertungstechniken anzueignen.
Die Gefahr ist groß, daß die Kinder ihre eigenes Tun abwerten. Dagegen hilft es, den Kindern immer wieder zu vermitteln, daß ihre Gedanken wichtig sind. Dies kann man auf verschiedenerlei Art tun, z.B.:

"Ich erinnere mich, daß einige von euch beim letzten Mal das Gefühl gehabt haben, daß... ".

"Einige von euch haben gesagt (darauf hingewiesen), daß.... Deshalb wollen wir heute unser Vorgehen ändern."

"Euch hat das... viel Spaß gemacht, deshalb dachte ich mir, wir könnten heute... ".

Da die meisten Auswertungsgespräche etwas von einer öffentlichen Selbstdarstellung haben, kann dies auch dazu führen, daß es einzelne Kinder vermeiden, ihre wahren Gefühle vor den MitschülerInnen auszusprechen, oder einfach das gleiche oder das Gegenteil von dem sagen, was andere gesagt haben. In einer solchen Situation sollte darüber auf jeden Fall gesprochen werden, so daß sich daraus wiederum wichtige Lernerfahrungen ergeben können. Wir sollten uns noch einmal vor Augen halten, daß aufrichtige Antworten am ehesten in einer Klassenraumatmosphäre zu erwarten sind, die von gegenseitigem Vertrauen gekennzeichnet ist.

Einige Auswertungsmethoden

1. Die Kinder sollen ein Gesicht zeichnen, das ihr momentanes Gefühl ausdrückt.

2. Die Kinder können auch durch die Wahl einer bestimmten Körperhöhe ihr Gefühl ausdrücken: So zeigt z.B. eine gebeugte Körperhaltung kein sehr gutes Gefühl an, wohingegen ein voll aufgerichteter Körper ein sehr gutes Gefühl signalisiert.

3. Sie können die Kinder bitten, ihre Gefühle durch eine bestimmte Mimik auszudrücken.

4. Die Kinder können ihre Reaktionen auch mit ihrem Arm als "Barometer" anzeigen. Ein voll in die Höhe gestreckter Arm zeigt an, daß sie sich gut fühlen, wohingegen ein abwärts gerichteter Arm ihre negativen Gefühle ausdrückt.

Einfach anfangen

5   Wir können uns aber auch für die Fingerzeig-Methode entscheiden. Zehn Finger würden einem hervorragendem Gefühl entsprechen; bei einem Finger haben wir einen deutlichen Hinweis darauf, daß die Kinder diese Unterrichtsstunde nicht besonders mochten.

6   Sie können die Kinder auffordern, eigene Zeichen für ihre Gefühle zu finden. Daran könnte sich auch ein Gespräch über Körpersprache anschließen.

7   Sie haben im Verlauf von mehreren Wochen gemeinsam mit den SchülerInnen eine Liste von Wörtern zusammengestellt, die Gefühle beschreiben. Diese Liste wird im Klassenraum aufgehängt, und die Kinder suchen sich daraus das Wort aus, das ihr Gefühl am besten beschreibt.

Lieben, Lernen, Lachen:

8   Die Kinder können ihre Gefühle durch die Daumenstellung anzeigen: Daumen aufrecht, Daumen seitwärts, Daumen abwärts.

9   Das Aufstellen (vgl. Werkstatt-Ideen von A bis Z, S. 47) kann ebenfalls als Auswertungsmethode genutzt werden.

10 Bei der "Feueralarmübung" sollen sich die Kinder an der Klassenraumtür aufstellen und die drei wichtigsten Dinge mitnehmen, die sie an dem Tag gelernt haben, um sie auf diese Weise vor dem Feuer zu retten.

11 Bei der musikalischen Auswertung steht eine Hälfte der Gruppe still, während sich die andere Hälfte zur Musik bewegt. Wenn die Musik abbricht, steht auch die Bewegungsgruppe still und spricht mit der jeweils am nächsten stehenden Person. Die Lehrkraft kann mit Gesprächsstoff "füttern".

Erfahrungen mit BesucherInnen

In letzter Zeit kann man in den Schulen immer häufiger Personen treffen, die nicht dem offiziellen Schulpersonal zuzurechnen sind: Eltern, die beim Erstleseprozeß helfen; BesucherInnen, die ein Gespräch mit dem/der SchuleiterIn oder anderen LehrerInnen führen möchten; Lieferanten; Verwaltungsbeamte; SeminarleiterInnen; Schulaufsichtsbeamte: die Liste läßt sich beliebig fortsetzen. Auch wenn es häufig nicht wahrgenommen wird, es profitieren sowohl die Kinder als auch die BesucherInnen von den Begegnungen, die während eines Schultages innerhalb und außerhalb des Klassenraumes stattfinden.

Wenn es um den Sexualkundeunterricht geht, wenden sich Schulen häufig an schulfremde Personen und bitten sie, das eine oder andere Thema zu behandeln. Der klassische Fall ist der Besuch einer Lehrschwester oder der Amtsärztin, die dann mit den Mädchen über die Menstruation spricht. Sind in der Lerngruppe auch Jungen vorhanden, dann wird manchmal Zurückhaltung spürbar, über das Thema zu reden. Statt dessen begnügt man sich mit einem Film oder einer Dia-Reihe.

Der Besuch ist normalerweise an der vorbereitenden Planungsarbeit nicht beteiligt. Häufig genug erhält er auch unzureichende Vorinformationen über die Kinder, mit denen er arbeiten wird (z.B. ihren soziokulturellen Hintergrund, den aktuellen Wissensstand etc.), oder kennt die Erwartungshaltung der Schule nicht hinreichend (z.B.: Um welche Zielsetzungen geht es? Welche Methoden sind angebracht?). Lassen wir all dies einmal außer acht, und vergegenwärtigen wir uns, welche Botschaft über Sexualität wir als LehrerInnen an die Kinder weitergeben: Sobald es um Sex geht, hält sich die Lehrkraft heraus und läßt jemand anderen den Job machen. Ganz sicher verstärkt das bei den Kindern den Gedanken, daß Sex etwas Peinliches ist, über das man in anständiger Gesellschaft besser nicht spricht.
Weiterhin wird die Vermittlung von Fakten im Bereich der Sexualität sehr häufig als die Domäne medizinisch vorgebildeter Personen angesehen. Nicht jeder teilt die Auffassung, daß Gefühle über Sex mindestens so wichtig sind wie die medizinischen Fakten.

Die Erfahrung mit BesucherInnen kann aber in der persönlichen Entwicklung junger Menschen auch eine sehr wichtige Rolle spielen, wenn ihnen nicht nur Informationen und Rat
einer Expertin oder eines Experten vorgesetzt werden, sondern sie auch Gelegenheit haben, sich auf den Besuch vorzubereiten und sich um ihn zu kümmern. Auf diese Weise übernehmen sie ein Stück Verantwortung für ihren eigenen Lernprozeß. Kinder, für die das neu ist, brauchen die Unterstützung durch die Lehrkraft, die sicherstellt, daß bei diesen Erfahrungen mit BesucherInnen alle Kinder ihren Anteil haben.

Wie viele von uns haben nicht schon zu verschiedenen Gelegenheiten passiv in Gastvorträgen gesessen, während uns alle möglichen Dinge durch den Kopf gingen?
Warum wurde diese Person überhaupt eingeladen? Ich wüßte Bessere und Kompetentere!
Warum fragen die uns eigentlich nie, was wir denken? Also dazu würde ich ihr/ihm aber gern einmal Kontra geben!
Worum um alles in der Welt geht es hier überhaupt? Auf diese Weise kommen wir aus einer potentiell nützlichen und anregenden Situation ziemlich gelangweilt und frustriert heraus. Um vieles besser stellt sich die Situation dar, wenn wir an der Planung und Vor-

62   *Lieben, Lernen, Lachen:*

bereitung des Besuchs aktiv beteiligt waren. Wir erhalten das, was wir erwartet hatten, und es werden die Punkte angesprochen, die uns interessieren.

Verlauf und Inhalt

Wenn wir in der Grundschule die Erfahrung mit Besuch von außen organisieren wollen, dann muß uns klar sein, daß gleichzeitig zwei unterschiedliche Dinge zur selben Zeit ablaufen:

1 Die Kinder durchlaufen einen Prozeß, der viele unterschiedliche Lernmöglichkeiten beinhaltet: wie man Briefe schreibt oder Telefongespräche führt, Aufstellen eines Zeitplanes, Bewirtung organisieren, Erstellen eines Fragenkatalogs, Dinge in sachlogischer Form ordnen, Leute begrüßen und sich bedanken.

2 Im Verlaufe des Besuchs sammeln die Kinder Sachinformationen und Lerninhalte und bekommen ein Gespür für die Sache.

Es ist wichtig, daß wir beide Aspekte hinreichend berücksichtigen.

Als mögliche BesucherInnen kommen in Frage:

    a) schwangere Mutter oder werdender Vater,
    b) VertreterInnen des Gesundheitsamtes,
    c) Lehrschwestern,
    d) Ärztinnen und Ärzte,
    e) frischgebackene Eltern.

Einfach anfangen

Das Experiment "Besuch von draußen"

 Thema, Ziel

Gemeinsames Entscheiden, wer als kompetente/r BesucherIn eingeladen werden soll.
Das Erstellen eines Fragenkatalogs für den Besuch.
Festlegen, welche einzelnen SchülerInnen vor, während und nach dem Besuch welche Rolle übernehmen.
Die Bedürfnisse der Besucherin bzw. des Besuchers erkennen und darauf eingehen.

Altersstufe

Jede Altersstufe.

Benötigtes Material

Fotokopien der Besucher-Checkliste (vgl. S. 66), Flipchart oder Wandtafel.

 Zeitrahmen

Vorbereitungszeit: mindestens 45-60 Minuten,
Besuchszeit: ca. 30 Minuten, abhängig von der Aufmerksamkeitsspanne der Kinder.

 Gruppengröße

Alle.

 Anknüpfungsmöglichkeiten

Läßt sich mit vielen in diesem Buch beschriebenen Aktivitäten verknüpfen.

So geht es

1. Verlauf

Die Lehrkraft erklärt der gesamten Lerngruppe, daß etwas Bestimmtes aus dem Bereich der Sexualkunde in Erfahrung gebracht werden soll (z.B. Menstruation, Babypflege etc.). Die ganze Klasse beteiligt sich darauf an einem Brainstorming, ausgehend von der Frage: "Wer könnte uns darüber etwas erzählen?" Nach Abschluß der Besprechung kann über die am besten geeignete Person abgestimmt werden.
Nach Abschluß des Entscheidungsprozesses, kann die BesucherInnen-Checkliste benutzt werden. Alternativ können die SchülerInnen ihre eigenen Listen darüber anfertigen, wie der Besuch von Anfang bis Ende betreut werden soll.

In einem solchen Fall sind Frageimpulse notwendig, wie z.B.:

> Wer lädt den Besuch ein, und wie wird das gemacht?
> Wie kommt der Besuch hier her?

Die Klasse benötigt einen Plan für den gesamten Zeitraum, den sich der Besuch im Schulgebäude aufhält.

2. Inhalt

Sie können die Klasse bitten, sich in Partnerarbeit Fragen zu überlegen, die sie dem Besuch stellen möchte. Diese Fragen werden dann in der ganzen Klasse besprochen und anschließend geordnet. Danach kann einzelnen Kindern eine bestimmte Frage zugewiesen werden. Kinder, die an der aktiven Befragung nicht beteiligt sind, übernehmen die Verantwortung für das Festhalten der Antworten. Weitere können an dem Vorhaben auf unterschiedliche Weise beteiligt werden, z.B: bei der Begrüßung des Besuchs, beim Aufpassen auf die Zeit, indem sie dem Besuch erklären, auf welche Weise sich das gegenwärtige Unterrichtsgeschehen in die bisherige Unterrichtsarbeit einfügt, beim Dank an den Besuch und bei seiner Verabschiedung.

Ganz nützlich ist es, vorher ein Kind zu bestimmen, das gegen Ende des Gesprächs den Besuch fragt, ob er alles hat sagen können, worüber er gerne hat sprechen wollen. Für die Kinder ist es auch wichtig, von der Besucherin bzw. dem Besucher zu erfahren, wie sie/er sich während des Besuchs gefühlt hat.

Danach, sobald der Besuch den Raum verlassen hat, sollten die Kinder Gelegenheit bekommen, über das Erlebnis miteinander zu sprechen. Dabei können sie sich ihre Gefühle mitteilen, ihre verschiedenen Rollen reflektieren und was sie gelernt haben; außerdem können sie überlegen, was sie dem Besuch rückmelden können. Das kann eine Fotokopie ihrer Arbeitsergebnisse sein oder auch nur ein einfaches "Danke-schön"-Kärtchen.

Einfach anfangen

BesucherInnen-Checkliste

Unser/e BesucherIn heißt _____

Wir treffen sie/ihn um _____ (Zeit/Ort)

Er/sie bleibt _____ Minuten

Als Erfrischung bieten wir _____ an

So sollte der Raum bei dem Besuch aussehen: _____
_____
_____

Wer macht was?
(Es können mehrere verantwortlich sein.)

_____ holt den Besuch ab.

_____ bietet Erfrischungen an.

_____ stellt den Besuch vor.

_____ achtet auf die Zeit.

_____ macht Notizen.

_____ stellt die erste Frage.

_____ beendet die Befragung.

_____ fragt ob der Besucher/die Besucherin noch etwas sagen möchte.

_____ erkundigt sich, wie der/die BesuchIn sich fühlt.

_____ bedankt sich bei ihr/ihm.

_____ begleitet den Besuch hinaus.

Fällt dir noch etwas ein, was getan werden muß?

_____
_____
_____

A12

© Verlag an der Ruhr,
4330 Mülheim/Ruhr

66   Lieben, Lernen, Lachen:

Wer bin ich? Wer bist Du?

Die in diesem Kapitel beschriebenen Aktivitäten sollen Kindern helfen, die Wahrnehmung ihrer eigenen Person und die Rücksichtnahme gegenüber anderen zu entwickeln. Wir sind der Überzeugung, daß die Menschen versuchen sollten, sowohl sich selbst als auch die anderen so anzunehmen, wie sie sind und als das, was sie sind. Diese Unterrichtsideen, ergänzt durch ihre eigenen Ideen, werden den Kindern bei dem Erkenntnisprozeß helfen, daß wir selbst die Verantwortung für unser eigenes Leben zu übernehmen haben.

In folgenden Punkten können die Aktivitäten den Kindern helfen:

● Erkennen der Qualitäten einer Person.

● Schätzen lernen, daß Vielfalt ein ganz wesentlicher Bestandteil unseres Lebens ist und daß wir alle unterschiedliche Werte haben können.

● Reflektieren, wie sie selbst von anderen wahrgenommen werden.

● Stolz auf ihre Fähigkeiten sein.

● Förderung des Ich-Bewußtseins.

● Unterschiede zwischen Wünschen und Bedürfnissen erkennen.

● Eigene Gefühle und Handlungen analysieren.

● Das Recht auf die Unverletzlichkeit der Person anerkennen.

● Erkunden unterschiedlicher Lebensvorstellungen und Lebensweisen.

Lieben, Lernen, Lachen:

Wer bin ich?

 Thema, Ziel

Analyse persönlicher Merkmale.
Entwicklung von Selbstwahrnehmung und
Selbstvertrauen.

 Altersstufe

Ab 6 Jahre.

 Benötigtes Material

Fotokopien des Arbeitsblattes auf der
nächsten Seite, Farbstifte oder Wachs-
kreide.

 Zeitrahmen

30 Minuten.

Gruppengröße

Alle.

 Anknüpfungsmöglichkeiten

Das ABC persönlicher Eigenschaften
Mein persönliches Wappen
Eine Collage über mich
Meine verschiedenen Seiten
Was ich brauche, was ich möchte
Eine Wunsch- und Bedürfnis-Grafik
Mein idealer Tag

So geht es

Verteilen Sie das Arbeitsblatt. Die Kinder sollen, entsprechend den Angaben auf dem
Arbeitsblatt, in jedem Kasten eine kleine Zeichnung machen. Kündigen Sie an, daß die
Arbeiten aufgehängt werden und daß die anderen dann herausfinden sollen, welche
Zeichnung von welchem Kind stammt.
Dies kann auch eine Zusatzaufgabe sein, die die einzelnen Kinder bis zu einem be-
stimmten Datum fertig haben sollten.
Nachdem die Blätter mit den Zeichnungen an der Wand bzw. Bildleiste aufgehängt sind,
heften Sie jeweils ein kleineres Blatt darunter, worauf die Kinder ihren geratenen Namen
schreiben können.

Wer bin ich? Wer bist Du?

Wer bin ich?

A13

© Verlag an der Ruhr,
4330 Mülheim/Ruhr

Als Tier wäre ich ...

Als Farbe wäre ich ...

Als Vogel wäre ich ...

Als Blume wäre ich ...

Als Spielzeug wäre ich ...

Als Musikinstrument wäre ich ...

Lieben, Lernen, Lachen:

Das ABC persönlicher Eigenschaften

 Thema, Ziel

Die Aufmerksamkeit der Kinder darauf lenken, daß wir uns nicht nur durch körperliche Merkmale voneinander unterscheiden.
Das Alphabet besser kennenlernen.
Lustige und kreative Beschreibungen persönlicher Eigenschaften.
Den Gebrauch von Adjektiven lernen.

 Altersstufe

6 Jahre und älter.

 Benötigtes Material

Filzstifte, großformatige Papierbögen, Haftmaterial (Haftis, Reißbrettstifte o.ä.), Schrifttafel mit Buchstaben oder Großbuchstaben aus Karton, Kartonstreifen.

 Zeitrahmen

Je nach unterrichtlichem Zusammenhang, nach Ihrem Ermessen.

 Gruppengröße

Alle.

 Anknüpfungsmöglichkeiten

Wer bin ich?
Mein persönliches Wappen
Meine verschiedenen Seiten
Das mag ich an anderen
Positive Steckbriefe

So geht es

Die Klasse soll zunächst, in Form eines Brainstormings, Wörter finden, die die Eigenschaften von Menschen beschreiben, z.B. lustig, höflich, tapfer, fröhlich etc.
Dann bitten Sie die Kinder, sich entsprechend ihren Vornamen in alphabetischer Reihenfolge aufzustellen: Andreas, Beate etc. Anschließend gruppieren Sie die Kinder so, daß beispielsweise die A's, B's und C's eine Gruppe bilden; die D's, E's und F's eine weitere, usw. Jede Gruppe schreibt die Wörter von der Tafel ab, die mit demselben Buchstaben

Wer bin ich? Wer bist Du?

beginnen, wie ihr eigener Vorname. Jedes Wort wird auf ein separates Blatt Papier geschrieben.

Innerhalb der Kleingruppen kann die Bedeutung der einzelnen Worte diskutiert werden, was dann wieder in eine Klassendiskussion mündet.
Falls notwendig, können einzelne Wörter in einem Wörterbuch nachgeschlagen werden. Älteren SchülerInnen kann man auch ein Synonymwörterbuch geben, um für die Arbeit der Klasse eine Auswahl von sinnverwandten Worten herauszufinden.

In Klassenräumen, in denen die einzelnen erarbeiteten Buchstaben an der Wand aufgehängt worden sind, können die Kinder nacheinander ihre Wortstreifen den jeweiligen Großbuchstaben auf der Buchstabentafel zuordnen. Eine solche Aktivität eignet sich besonders gut für das Stundenende vor einer großen Pause.

Sind im Klassenraum keine solchen Buchstabenbilder, könnte man jetzt welche anfertigen.
Alternativ kann auch ein Ziehharmonika-Buch (Leporello) hergestellt werden, in dem die persönlichen Eigenschaften, durch kleine Zeichnungen illustriert und mit dem Namen der Kinder versehen, eingeklebt werden, z.B. tapferer Thomas, lustige Louise.
Diese Aktivität kann entweder in Einzel- oder Kleingruppenarbeit erfolgen, auf jeden Fall muß die Lehrkraft jedoch für eine Koordinierung sorgen, so daß kein Buchstabe ausgelassen wird oder doppelt auftaucht.

Mein persönliches Wappen

 **Thema, Ziel**
Stärkung des Selbstbewußtseins.
Gelegenheit zur Selbstreflexion bieten.

 **Altersstufe**
Jedes Alter.

 **Benötigtes Material**
Fotokopien der Wappen (Umrisse) für jedes Kind (vgl. S. 74-75).

 **Zeitrahmen**
30 Minuten.

 **Gruppengröße**
Alle.

 **Anknüpfungsmöglichkeiten**
Wer bin ich?
Das ABC persönlicher Eigenschaften
Eine Collage über mich

So geht es

Verteilen Sie die Arbeitsblätter mit den Umrißzeichnungen der Wappen. In einem Brainstorming machen die SchülerInnen Vorschläge, was für Zeichen für welche Eigenschaften darauf abgebildet werden können. Erklären Sie, daß es darauf ankommt, Ideen für Zeichnungen zu entwickeln, die anderen etwas über den Träger des Wappens mitteilen, z.B.: "Die wichtigsten Ereignisse in meinem Leben"; "Dinge, die ich gut kann"; "Was mich glücklich macht"; "Wörter, die mich beschreiben".

Anschließend zeichnen die Kinder in den Wappenumriß, wie sie sich persönlich anderen vorstellen würden. Die Arbeitsergebnisse werden im Klassenraum ausgestellt.

Wer bin ich? Wer bist Du?

Mein persönliches Wappen

A15

© Verlag an der Ruhr,
4330 Mülheim/Ruhr

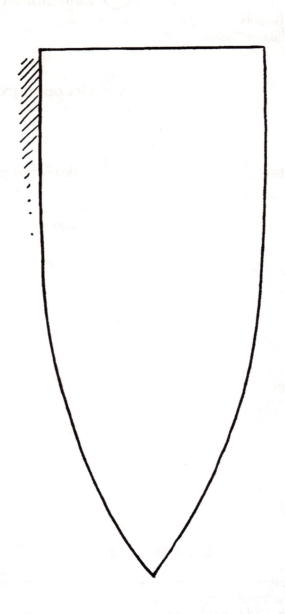

74   *Lieben, Lernen, Lachen:*

Mein persönliches Wappen

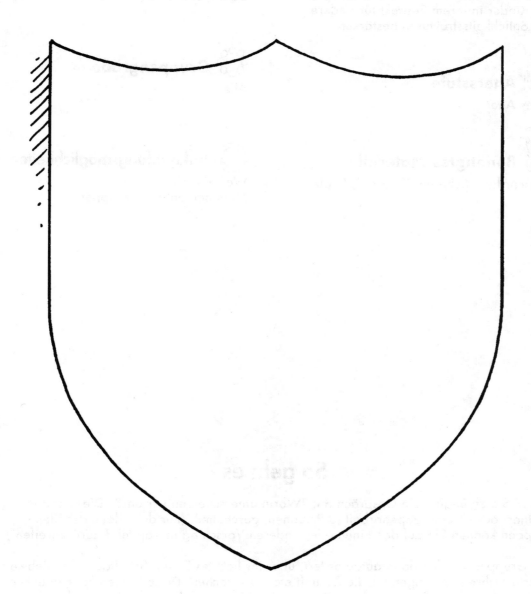

© Verlag an der Ruhr,
4330 Mülheim/Ruhr

Wer bin ich? Wer bist Du? 75

Eine Collage über mich

⇨ **Thema, Ziel**
Das Bewußtsein von sich selbst fördern. Die Kinder in ihrem Respekt für andere Persönlichkeitsstrukturen bestärken.

Altersstufe
Jedes Alter.

Benötigtes Material
Zeitschriften, Scheren, Klebstoff, Papier.

Zeitrahmen
30 Minuten und darüber.

Gruppengröße
Alle.

Anknüpfungsmöglichkeiten
Wer bin ich?
Mein persönliches Wappen

So geht es

Regen Sie zu Beginn ein Gespräch an: "Worin unterscheiden wir uns?" Dies kann in Partner- oder Kleingruppenarbeit (3 Personen) geschehen. (Für das Bilden der Kleingruppen können Sie auf den einen oder anderen Vorschlag in Kapitel 3 zurückgreifen.)

Die Gruppen werden dann aufgefordert, über ihr liebstes Essen, Schulfach, ihre liebste Sportart, ihre Hoffnungen für die Zukunft etc. zu sprechen. Diese Fragen können entweder von der Lehrkraft vorgegeben oder von den Kindern selbst gefunden werden. Es ist aber sicherlich gut, wenn es eine Liste als Arbeitshilfe gibt.

Nun werden die Zeitschriften, der Klebstoff und die Scheren verteilt. Die Aufgabe besteht darin, aus den Abbildungen der Zeitschriften ein Poster zusammenzustellen, das ein Stück des eigenen Lebens widerspiegelt. Die Kinder in der Gruppe sollen dabei zusammenarbeiten.
Nach Abschluß der Arbeiten stellen die Gruppen ihre Bilder der ganzen Klasse vor.

Meine verschiedenen Seiten

 Thema, Ziel
Sich überlegen, wie uns andere Menschen wahrnehmen.

 Altersstufe
6 Jahre und älter.

Benötigtes Material
Für jedes Kind ein großer Bogen Papier (Zeichenblatt) und Bleistifte bzw. Filzstifte.

 Zeitrahmen
25 Minuten.

 Gruppengröße
Alle.

 Anknüpfungsmöglichkeiten
Wer bin ich?
Das ABC persönlicher Eigenschaften
Positive Steckbriefe

So geht es

Erstellen Sie mit den Kindern zusammen eine Liste von Menschen und Haustieren, die den Kindern wichtig sind. Dies kann in Form eines Brainstormings erfolgen.
Dann sollen die Kinder ihr Zeichenblatt in vier gleich große Teile einteilen, wobei in der Mitte ein Quadrat ausgespart wird. In diesen quadratischen Rahmen zeichnet jedes Kind ein Selbstporträt.
Jetzt sucht sich jedes Kind vier verschiedene Menschen oder vielleicht auch Haustiere aus, die es gut kennt. Die Aufgabe lautet nun, jede Ecke des Blattes zu illustrieren, um darzustellen, auf welche Weise wohl die einzelnen Personen das Kind wahrnehmen. Jedes Kind kann dann dazuschreiben: "Aus der Sicht von ..."
Es wird wahrscheinlich notwendig sein, dieser Phase ein Unterrichtsgespräch voranzustellen, in dem herausgearbeitet wird, auf welche unterschiedlichen Weisen uns Menschen sehen können. Den Lehrkräften bietet sich hier eine gute Möglichkeit, etwas von ihrer eigenen Lebensgeschichte einzubringen.
Ermuntern Sie die Kinder, ihre Arbeiten mit nach Hause zu nehmen, um herauszufinden, ob die von ihnen ausgewählten Menschen ihre Sichtweise teilen.

Wer bin ich? Wer bist Du?

Wir sind alle verschieden

→ **Thema, Ziel**
Entdecken, aufgrund welcher körperlichen Merkmale wir uns voneinander unterscheiden.
Schätzenlernen, daß Vielfalt ein ganz wesentlicher Teil unseres Lebens ist.

 Altersstufe
Jedes Alter.

Benötigtes Material
Papier, Füller, Bleistift, Zeichenmaterial.

 Zeitrahmen
30 Minuten und darüber.

 Gruppengröße
Alle oder Kleingruppen.

Anknüpfungsmöglichkeiten
Arbeit mit Kapitel 6 über die Körperteile.

So geht es

Erläutern Sie den Kindern, auf welche Weise die körperlichen Merkmale von den Eltern ererbt und in den Genen weitergegeben werden, die dann wiederum zusammenkommen, wenn sich das Ei mit dem Samen vereinigt. Auch wenn sich Brüder und Schwestern häufig sehr ähneln, ist jeder einzelne ein völlig einzigartiges Wesen - das gilt auch für eineiige Zwillinge! Die Kinder sollen nun aufzählen (Brainstorming), in welchen körperlichen Merkmalen sich Menschen voneinander unterscheiden, z.B. in Augenfarbe, Größe, Haarfarbe, Schuhgröße, Hautfarbe, Gewicht, Haarbeschaffenheit. Bei dieser Art der Unterrichtsarbeit ist es unbedingt erforderlich, daß Sie äußerst behutsam mit Dingen umgehen, die in der Klasse zu Verlegenheit und Irritation führen können. Nehmen wir als Beispiel das Körpergewicht: Übergewichtige Kinder werden manchmal angemacht und mit Spitznamen gehänselt. Diese Unterrichtsaktivität könnte dazu dienen, auf das gedankenlose Verhalten anderer Kinder in diesem Fall aufmerksam zu machen. Wenn so etwas gerade aktuell ist, dann wird eine sensible Lehrkraft die Gelegenheit nutzen, den Kindern bewußt zu machen, daß man mit den Gefühlen anderer Menschen behutsam umgehen sollte. Genauso kann Hautfarbe oder Nationalität Anlaß für Negativkommentare über Rassenunterschiede sein. In Schulbezirken mit einer multiethnischen Bevölkerung sollte es Aufgabe der Schule sein, mit diesem wichtigen Alltagsthema in der gesamten Unterrichtsgestaltung wie auch im täglichen Schulleben verantwortungsbewußt umzugehen.
Wenn das Brainstorming beendet ist, werden Dreier- oder Vierergruppen gebildet. Jede Gruppe sammelt dann in der Klasse Informationen zu einem bestimmten Merkmal (z.B. zur Augenfarbe). Überlegt werden soll auch, wie die Arbeitsergebnisse den anderen präsentiert werden können. Dies kann in Form von Säulendiagrammen, Checklisten, Grafiken etc. geschehen.
Wenn jede Kleingruppe ihre Arbeit vorgestellt hat, entscheidet die Klasse darüber, welche SchülerInnen alle Informationen zusammenfassen sollen und in welcher Form dies geschehen kann. Als mögliche Formen bieten sich hier Wandposter, ein "Klassenbuch" oder auch ein "Radiobericht" auf Tonband an.

Das mag ich an anderen

 **Thema, Ziel**

Die Kinder sollen die Eigenschaften anderer kennen- und schätzenlernen und bemerken, was anderen wichtig ist. Adjektive und Alliterationen (Stabreime). Üben des Alphabets.

 **Altersstufe**

Ab 8 Jahre.

Benötigtes Material

Wandtafel, Papier und Stift für jedes Kind.

 **Zeitrahmen**

30 Minuten.

 **Gruppengröße**

Alle.

 **Anknüpfungsmöglichkeiten**

Das ABC der persönlichen Eigenschaften

So geht es

Beginnen Sie die Stunde mit einem Kreisgespräch. Jedes Kind soll seinem Namen einen "Titel" beifügen. Der Titel soll mit dem gleichen Buchstaben wie der Vorname beginnen. So lernen die Kinder auch noch Stabreime kennen, z.B.: "Ich bin der positive Peter", "Ich bin die lachende Liane".
Dies geht dann über in ein Klassengespräch über Adjektive, die Menschen in positiver Weise beschreiben.
Die Sammlung der Adjektive, die bei dem Gespräch herausgekommen ist, soll nun in Einzelarbeit in alphabetische Reihenfolge gebracht werden. Nach Abschluß dieser Arbeit wird die Klasse in Partnergruppen aufgeteilt. Jeweils eine der beiden Listen wird dann so zerschnitten, daß auf jedem Papierstreifen nur ein Wort steht.
Gemeinsam mit dem/der PartnerIn ordnen die Kinder die Wortstreifen neu, und zwar so, daß die positivste Aussage oben und die am wenigsten positive unten liegt, wobei alle übrigen Wörter in ihren graduellen Abstufungen dazwischen eingeordnet werden. Den Abschluß der Unterrichtsstunde bildet wieder ein Kreisgespräch, in dem die Kinder eines ihrer positiven Wörter benutzen, um zu beschreiben, wie sie sich fühlen.

Wer bin ich? Wer bist Du?

Positive Steckbriefe

⇥ Thema, Ziel
Den Kindern Gelegenheit geben, positive Aussagen übereinander zu machen.

👥 Altersstufe
Ab 7 Jahre.

✏️ Benötigtes Material
Große Papierbögen (Zeichenblock), Zeichenmaterial, Spiegel.

⏱ Zeitrahmen
20 Minuten.

⭕ Gruppengröße
Alle.

🔄 Anknüpfungsmöglichkeiten
Das ABC persönlicher Eigenschaften
Meine verschiedenen Seiten

So geht es

Die Kinder sollen mit Hilfe der Spiegel Porträts von sich anfertigen.
Die fertigen Bilder werden als Fries an die Wand gehängt, wobei unter jedes Bild ein leeres Blatt (DIN A4) angefügt wird.
Erklären Sie dann den SchülerInnen, daß sie unter jedes Bild etwas Positives zu der dargestellten Person aufschreiben können.

Lieben, Lernen, Lachen:

Wir erkunden Beziehungen

 **Thema, Ziel**
Beziehungen analysieren, sowohl generell als auch im Einzelfall.

 **Altersstufe**
Ab 8 Jahre.

 Benötigtes Material
Papier für die Partnergruppen, Füller oder Bleistifte. Eine Tafeldarstellung oder Schautafel mit den "Symbolen".

 Zeitrahmen
30 Minuten.

 Gruppengröße
Alle, Zweiergruppen.

Anknüpfungsmöglichkeiten
Risikofaktoren
Wie ich mich schützen kann
An wen kann ich mich wenden?
Jungen und Mädchen spielen draußen
Wie wir beeinflußt werden

So geht es

Beginnen Sie die Unterrichtsstunde mit einem Gespräch darüber, warum wir manche Menschen mögen und andere nicht. Um dies darzustellen, führen Sie folgende Symbole ein, z.B.:

A => B	= A mag B
A <=> B	= A und B mögen sich
A —> B	= A mag B nicht
A <—> B	= A und B mögen sich nicht
A <|> B	= A fühlt sich o.k., hat aber keine starke Bindung zu B.

Die Klasse kann sich auch ihre eigenen Symbole ausdenken.
Die Klasse wird in Zweiergruppen aufgeteilt. Die Gruppen erhalten den Auftrag, über ihre Lieblingsfernsehsendung zu sprechen und dabei ein "Soziogramm" der beteiligten AkteurInnen anzufertigen.
Dies kann zu einem Gespräch darüber führen, warum Menschen miteinander auskommen oder warum nicht. In Partnerarbeit können die Kinder Adjektive herausfinden, die wir zur Beschreibung von Menschen benutzen. Diese Adjektive können für einen freien Text verwendet werden.

In Einzelarbeit können die Kinder ein Soziogramm der Menschen anfertigen, die sie mögen, und sie mit Adjektiven belegen, die für sie auf die Menschen zutreffen.
Diese Art der Unterrichtsarbeit kann in ein Gespräch über Menschen münden, denen wir vertrauen und zu denen wir gehen können, wenn wir einfach mal mit jemandem sprechen müssen.

Wer bin ich? Wer bist Du?

Was ich brauche / Was ich möchte

 **Thema, Ziel**
Zwischen elementaren Bedürfnissen und Wünschen unterscheiden lernen.
Lernen, daß Menschen unterschiedliche Bedürfnisse und Wünsche haben.

 Altersstufe
7-11 Jahre.

Benötigtes Material
Ein Stapel Zeichenblätter, rote und grüne Filzstifte oder Farbstifte, Haftmaterial (Hafties, Blu-tak o.ä.), Klebstoff.

 Zeitrahmen
30 Minuten und mehr.

 Gruppengröße
Alle.

 Anknüpfungsmöglichkeiten
Wer bin ich?
Eine Wunsch- und Bedürfnis-Grafik
Mein idealer Tag

So geht es

Mit den roten Stiften fertigen die Kinder Zeichnungen an von "Dingen, ohne die ich nicht leben kann", z.B. Nahrung, Bett, Kleidung, Wärme, FreundInnen. Anschließend zeichnen sie in grün "Dinge, die ich haben möchte, ohne die ich aber leben könnte", z.B. Fernsehgerät, Fahrrad, Skateboard etc. Die Zeichnungen werden ausgeschnitten.

Jedes Kind erhält jetzt ein leeres Zeichenblatt. In die Mitte des Blattes schreibt es das Wort "ich" oder zeichnet sich selbst. Nun arrangiert jedes Kind die vorher angefertigten kleinen Zeichnungen um das Zentrum herum, wobei der Abstand zum Mittelpunkt zeigt, wie stark der Wunsch oder das Bedürfnis ist.

In Partnerarbeit können die Kinder ihre Ergebnisse vergleichen. Die Zeichnungen können immer noch verschoben werden. Der Klebstoff sollte erst benutzt werden, wenn die Kinder sicher sind.

Ein Auswertungsgespräch mit der Klasse können Sie über folgende Fragen einleiten:
  "Hast du viele Zeichnungen verschoben?"
  "Warum (nicht)?"
  "Hast Du deine Meinung über bestimmte Dinge geändert?"
  "Was hast du heute über Bedürfnisse und Wünsche gelernt?"

Sind alle Zeichnungen auf dem Blatt festgeklebt, können die Arbeitsergebnisse an den Wänden des Klassenraumes aufgehängt werden.

Variation: "Mit den Augen eines anderen"
Bevor die Kinder ihre Kleinzeichnungen fixieren, erhalten sie ein zweites Zeichenblatt. Dann suchen sie sich jemanden aus, der ziemlich anders als sie selbst ist (z.B. in Hinsicht auf Geschlecht, Alter etc.). Diese andere Person setzen sie ins Zentrum ihres Blattes und arrangieren die Zeichnungen entsprechend ihren Vermutungen über die Wünsche und Bedürfnisse der entsprechenden Person.

Ihre jeweiligen Lösungen können die Kinder dann in einem Partnergespräch diskutieren, oder sie fragen einfach:

"Auf welche Weise bist du zu der Entscheidung gelangt, daß dies die Wünsche und Bedürfnisse der gewählten Person sind?"

"Meinst du, daß du recht hast?"

"Mußt du vielleicht noch weitere Zeichnungen anfertigen?"

"Sind die Wünsche und Bedürfnisse der Menschen verschieden?"

"Ist das eine gute Sache?"

Diese Nachbesprechung kann entweder als Gespräch mit der ganzen Klasse oder auch in Kleingruppen durchgeführt werden.

Eine Wunsch- und Bedürfnis-Grafik

Thema, Ziel
Wünsche und Bedürfnisse erkennen und zwischen beiden unterscheiden können. Die Wertvorstellungen anderer anhand ihrer Wünsche und Bedürfnisse erkunden.

 **Altersstufe**
9-12 Jahre.

 Benötigtes Material
Von den Kindern (oder von Ihnen) vorbereitete Koordinatenkreuze, Bleistifte.

 **Zeitrahmen**
20 Minuten, Anfertigen der Koordinatenkreuze nicht gerechnet.

 Gruppengröße
Alle, Partnerarbeit.

 Anknüpfungsmöglichkeiten
Wer bin ich?
Was ich brauche / Was ich möchte
Mein idealer Tag

So geht es

Wenn im Mathematikunterricht schon mit Koordinaten gearbeitet wurde, lassen Sie die Kinder für sich ein Koordinatenkreuz zeichnen. Auf jeder Achse ist eine gleichmäßige Skala von 0-4 einzuzeichnen. Sind die Vorarbeiten erledigt, regen Sie ein Brainstorming mit Diskussion zu der Frage an: "Was wir alle brauchen/wünschen". Sie geben dann jedem hier ausdiskutierten Begriff einen Buchstaben.

Jedes Kind wählt nun sechs wichtige Begriffe aus dem Bereich der Grundbedürfnisse aus und trägt diese unter ihrem Codebuchstaben in das Koordinatenfeld ein. Dieses muß in Einzelarbeit ohne Kontakt zur Nachbarin oder zum Nachbarn geschehen.

Jetzt werden Partnergruppen gebildet (vgl. Werkstatt-Ideen von A bis Z, Kapitel 3). Die eine Person ist A, die andere B. A beginnt, indem sie einen Punkt im Koordinatenkreuz anbietet (z.B. 3,2; ähnlich wie beim "Schiffe versenken"-Spiel). B muß daraufhin sagen, ob sich an dieser Stelle bei ihr ein Buchstabe befindet oder nicht. Ist an dieser Stelle ein Kode-Buchstabe vorhanden, dann kann A drei Fragen stellen, um herauszufinden, welches ihrer Bedürfnisse B auf diesen Punkt gesetzt hat. Tippt A ins Leere oder errät das Bedürfnis nicht, ist B an der Reihe usw.

Lieben, Lernen, Lachen:

So könnte man weitermachen
Eine Nachbesprechung kann unter folgenden Fragestellungen laufen:

"Wie werden deine Bedürfnisse und Wünsche aussehen, wenn du fünfzehn bist?"

"Wie waren sie, als du drei warst?"

"Was glaubst du, wie die Bedürfnisse und Wünsche einer alleinerziehenden Mutter (Vater) mit einem Kleinkind aussehen?"

"Was könnte eine ältere Person, die alleine lebt, für Wünsche und Bedürfnisse haben?"

Eine Kleingruppe kann den Auftrag erhalten, alle Koordinatenblätter einzusammeln und die darin enthaltenen Einzelinformationen in Form eines Balken-Diagramms zusammenzufassen.
Daran kann sich ein weiteres Unterrichtsgespräch anschließen, und die Kinder könnten in der Folge sogar die Wünsche und Bedürfnisse anderer Altersgruppen innerhalb oder außerhalb der Schule ermitteln.

Wer bin ich? Wer bist Du?

Mein idealer Tag

→ Thema, Ziel
Eigene Wünsche und Bedürfnisse erkennen und Gefühle ausdrücken. Mathematische Fertigkeiten entwickeln. Eine Diskussion über die Ähnlichkeiten und die Unterschiede von Menschen in Gang bringen.

Altersstufe
Jedes Alter. Für Jüngere muß die "Torten-Grafik" vorbereitet werden.

Benötigtes Material
Zirkel, Papier, Bleistifte, Zeichenmaterial, Lineal.

Zeitrahmen
Zeitplanung liegt in der Hand der Lehrkraft.

Gruppengröße
Alle, Kleingruppen.

Anknüpfungsmöglichkeiten
Wer bin ich?
Was ich brauche / Was ich möchte
Eine Wunsch- und Bedürfnis-Graphik

So geht es

Diese Aktivität sollte in einen unterrichtlichen Zusammenhang eingebettet werden, in dem es um die unterschiedlichen Darstellungsmöglichkeiten von Daten- und Zahlenmaterial geht.

Zunächst müssen Sie die "Torten-Grafik" erklären, wobei es um das Zeichnen von Kreisen geht, die dann in entsprechende Segmente eingeteilt werden. Anschließend wird die Klasse in drei oder vier Kleingruppen eingeteilt. Jede Gruppe erhält ein Diskussionsthema. Beispiel:

"Welches war euer schlimmster Tag im Leben?"
"Wie sieht ein ganz normaler Tag in eurer Gruppe aus?"
"Erinnert euch an einen wirklich tollen Tag, vielleicht einen Ferientag. Warum scheinen einige Tage schöner zu sein als andere?"

Nach der Rückmeldung aus den einzelnen Gruppen sollen die Kinder einzeln ihre eigene "Torten"-Grafik anfertigen. Die "Torte" wird in 24 Stundensegmente eingeteilt und soll den idealen Tag (cool, super usw.) darstellen. Anschließend können in Partnerarbeit die idealen Tage verglichen werden. In der Nachbesprechung können Sie die Ähnlichkeiten und Unterschiede herausarbeiten. Daraus können sich Fragestellungen in bezug auf Geschlecht, Abstammung, Herkunft oder Angelegenheiten der ganzen Gruppe/Klasse ergeben.

Variationen
Man kann die Kinder auch herausfinden lassen, wie ein toller Tag für ihre Eltern oder ihre LehrerInnen aussieht, oder sie können auch Vermutungen anstellen, wie ein idealer Tag für ihre Geschwister ablaufen könnte.

Die Kinder könnten sich auch am Traumtag ihres Idols versuchen. Dies kann zu einem Gespräch über Phantasie und Wirklichkeit führen und Teil einer Unterrichtseinheit über Medien werden.

Man kann auch mit freien Texten fortfahren, wobei die Kinder ihre eigene Hauptfigur erfinden.

Wer bin ich? Wer bist Du?

Ein Gefühls-Diagramm

 **Thema, Ziel**
Kinder ermutigen, ihre Lernerfahrungen zu reflektieren.
Die Akzeptanz der Wichtigkeit von Gefühlen und Erkundung von Ausdrucksmöglichkeiten.

 Altersstufe
8 Jahre und älter.

Benötigtes Material
Millimeterpapier, Bleistifte, Lineale, Farbstifte.

 Zeitrahmen
Herstellung des Diagramms ca. 20-30 Minuten.
Bei jedem Einsatz ca. 5 Minuten.

 **Gruppengröße**
Einzelarbeit für alle.

 Anknüpfungsmöglichkeiten
Gefühlsbarometer
Meine Gefühle
Gemalte Gefühle
Gesammelte Gefühle
Gefühls-Metaphern

So geht es

Legen Sie die Zeit fest, in der jedes Kind eine Grafik zeichnet, bei der auf der Vertikalachse eine Gefühlsskala und auf der Horizontalachse eine Zeitskala (z.B. Wochentage, vielleicht unterteilt in vor- und nachmittags) eingetragen wird.

Ist diese Grundzeichnung fertiggestellt, kann sie bei passender Gelegenheit immer wieder genutzt werden, um die Kinder einzeichnen zu lassen, wie sie sich gerade beim Lernen fühlen. Dazu zeichnen die Kinder jeweils eine Säule in ihr Achsenkreuz.
Die so entstandenen Säulendiagramme können Auslöser für Gespräche sein, die mit dem/r PartnerIn, in Kleingruppen oder mit der ganzen Klasse geführt werden.

Lieben, Lernen, Lachen:

Gefühlsbarometer

 Thema, Ziel
Eine Gelegenheit für die Kinder schaffen, ihre Gefühle auszudrücken.

 Zeitrahmen
15 Minuten.

 Altersstufe
Jedes Alter.

 Gruppengröße
Alle.

Benötigtes Material
Schaschlikspieße, Karteikarten, Bleistifte, Farb- oder Filzstifte, Haftmaterial (Hafties, Blue-tak o.ä.).

Anknüpfungsmöglichkeiten
Ein Gefühls-Diagramm
Mein Gefühls-Tagebuch
Gemalte Gefühle
Gesammelte Gefühle
Gefühls-Metaphern

So geht es

Regen Sie ein Gespräch darüber an, auf welche Weise Gesichter Gefühle ausdrücken können. Dies kann in einem Mimik-Spiel weitergeführt werden. Sagen Sie z.B.: "Zeig mir ein fröhliches/trauriges Gesicht!" Es können verschiedene Gefühlsabstufungen mit ihren verbalen Entsprechungen eingeführt werden, z.B.: "Dies ist ein bedrohliches Gesicht. Was meinst du, was bedrohlich bedeutet?"

Jetzt werden die Kinder aufgefordert, zwei Gesichter auf kleine Kärtchen zu zeichnen, ein fröhliches und ein trauriges. Beide Kärtchen werden mit Haftmaterial an jeweils ein Ende des Schaschlikspießes befestigt. Ein Klumpen Haftmaterial (Blue-tak, Knetgummi) wird als Fuß genutzt, so daß der Spieß senkrecht stehen kann.

Die Kinder können die Holzstäbe mit den daran befestigten Gesichtern vor sich auf ihren Tischen plazieren und Ihnen damit zu bestimmten Zeitpunkten (die Sie festlegen können) signalisieren, wie sie sich fühlen.

Variation
Für eine etwas aufwendigere Fassung können die Kinder einen längeren Kartonstreifen mit Maßeinheiten versehen. Dann tragen sie Worte für Gefühle ein, beginnend oben mit "sehr glücklich" bis zum anderen Ende "tief traurig". Mit Hilfe dieses Barometers können die Kinder zu bestimmten Zeitpunkten ihre Gefühle anzeigen. Sie tun dies, indem sie auf das jeweilige Feld deuten oder farbige Klebepunkte dort befestigen.

Mein Gefühls-Tagebuch

Thema, Ziel
Kinder ermutigen, Vorgänge und Situationen zu analysieren, in denen sie sich gut bzw. schlecht fühlen. Erkennen, daß Individuen unterschiedlich reagieren.

Altersstufe
7-9 Jahre.

Benötigtes Material
Fotokopien des Arbeitsblattes auf S. 91, DIN-A3-Bögen, Filzstifte.

Zeitrahmen
Abhängig von Notwendigkeit und Bedürfnissen.

Gruppengröße
Kleingruppen; Einzelarbeit mit Arbeitsblättern.

Anknüpfungsmöglichkeiten
Ein Gefühls-Diagramm
Gefühlsbarometer
Gemalte Gefühle
Gesammelte Gefühle
Gefühls-Metaphern

So geht es

Voraussetzung ist, daß den Kindern klar ist, daß jeder auf bestimmte Dinge gefühlsmäßig unterschiedlich reagiert. Schlagen Sie im Zweifelsfall eine oder mehrere der in diesem Buch beschriebenen Aktivitäten vor.

Die Klasse wird in Kleingruppen zu je drei bis vier Kindern aufgeteilt, und jede Gruppe erhält ein Zeichenblatt. Die Kinder teilen das Blatt durch einen senkrechten Strich in der Mitte. Auf der linken Blatthälfte listen sie all die Dinge auf, die ihnen ein gutes Gefühl geben; Dinge, auf die sie mit einem negativen Gefühl reagieren, werden auf der rechten Hälfte notiert. Daraus kann sich ein Unterrichtsgespräch mit der ganzen Klasse ergeben.

Nun teilen Sie das Arbeitsblatt aus und erläutern, daß jedes Kind für einen bestimmten Zeitraum ein Tagebuch führen soll. Darin soll es die Dinge festhalten, die ihm ein gutes oder auch ein schlechtes Gefühl bereitet haben. Den Zeitpunkt für diese Eintragungen können die Kinder festlegen, oder Sie geben ihn jeweils vor.
Ab und zu können sich die Kinder über ihre Tagebuchaufzeichnungen austauschen und Klassendiskussionen darüber stattfinden lassen.

Mein Gefühls-Tagebuch

ICH HEIßE _ _ _ _ _ _ _ _ _ _ _ _ _ _ _ _ _ _ _

ICH BEGINNE DIESES TAGEBUCH AM _ _ _ _ _ _ _ _ _

	🙂	🙁
MONTAG		
DIENSTAG		
MITTWOCH		
DONNERSTAG		
FREITAG		

Zu bestimmten Dingen haben wir alle sehr unterschiedliche Gefühle. Trage jeden Tag etwas in dein Tagebuch ein. Notiere die Dinge, bei denen du ein gutes oder ein schlechtes Gefühl hast. Besprecht deine Eintragungen mit jemand anders.

Wer bin ich? Wer bist Du?

Gemalte Gefühle

 Thema, Ziel

Gefühle können auf sehr unterschiedliche Weise ausgedrückt werden.
Einfühlung in Musik.
Zeichnerische Fähigkeiten/Hörverständnis entwickeln.
Diskussion über Unterschiede und Ähnlichkeiten von Menschen anregen.

 Altersstufe

Jedes Alter.

 Benötigtes Material

Musik, Zeichenmaterial.

 Zeitrahmen

Wie Sie wollen.

 Gruppengröße

Kleingruppen.

 Anknüpfungsmöglichkeiten

Ein Gefühls-Diagramm
Gefühlsbarometer
Mein Gefühls-Tagebuch
Gesammelte Gefühle
Gefühls-Metaphern

So geht es

Sprechen Sie mit den Kindern darüber, wie Musik Gefühle ausdrücken kann. Spielen Sie verschiedene Beispiele vor: Wiegenlieder sind ruhig, Panflöten können traurig klingen, ein Marsch soll tapfer klingen. Machen Sie daraus ruhig eine Tanz-, Pantomime-, Ballettstunde.
Nach dem Verteilen des Zeichenmaterials sollen die Kinder der Musik zuhören, ihre Pinsel/Stifte in die Hand nehmen und ihre Gefühle malen.
Die fertigen Bilder können als Auslöser für ein weiteres Unterrichtsgespräch genutzt werden.
Die Bilder können aber auch aufgehängt werden, darüber ein Blatt Papier, auf dem oben steht: "Zeigt ein... Gefühl." Darunter können dann die Kinder ihren Eindruck schreiben.

Lieben, Lernen, Lachen:

Gesammelte Gefühle

 Thema, Ziel

Sich seiner eigenen positiven wie negativen Gefühle bewußt werden.
Ein neues Wortfeld.
Kinder ermutigen, ihre eigenen Gefühle zu reflektieren.

 Zeitrahmen

Wie Sie wollen.

 **Altersstufe**

Jedes Alter.

 Gruppengröße

Kleingruppen, alle.

 Benötigtes Material

Großformatiger Papierbogen (Wandzeitung), auf dem einige "Gefühls"-Wörter notiert sind (vgl. Liste auf S. 95). Diese Wandzeitung sollte über einen längeren Zeitraum hängen bleiben, damit sie immer wieder ergänzt werden kann.

 Anknüpfungsmöglichkeiten

Ein Gefühls-Diagramm
Gefühlsbarometer
Mein Gefühls-Tagebuch
Gemalte Gefühle
Im Strudel der Gefühle
Was uns anzieht
Wir nehmen unsere Gefühle wahr

So geht es

Führen Sie die Worte auf der Wandzeitung ein, indem Sie erzählen: "Ich fühle mich ..., wenn ich ...". Abwechselnd suchen sich die Kinder ein Wort aus und machen einen Satz wie: "Ich fühle mich ..., wenn ich ...". Das geschieht erst mündlich, dann schriftlich. Die Kinder sollten auch ermuntert werden, der Liste weitere Gefühlswörter hinzuzufügen. Die wachsende Liste kann auch immer wieder zwischendurch erarbeitet werden. Sie können z.B. eine Gruppenarbeit unterbrechen und die Kinder fragen:

Wer bin ich? Wer bist Du?

"Wie fühlt ihr euch im Augenblick? Such dir ein Wort aus der Liste aus."
"Warum fühlst du dich so?"
"Fällt dir ein weiteres Gefühlswort ein, das wir auf die Liste schreiben können?"

Variation

Ist erst einmal ein großes Wortfeld erarbeitet, so sind ältere SchülerInnen in der Lage, die Gefühlswörter nach individuellen Aspekten zu ordnen, z.B. eine Gruppierung nach angenehmen oder unangenehmen Gefühlen vorzunehmen. Eine Hilfe für die Kinder können folgende Diagramme sein.

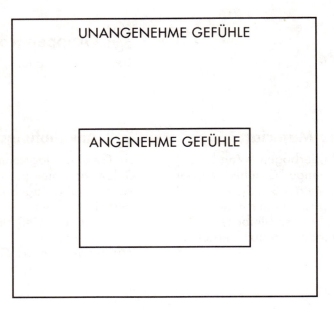

DIESE DINGE MACHEN MICH					
WÜTEND	TRAURIG	GLÜCKLICH	ENTTÄUSCHT	ETC.

Daran schließen sich Gespräche in Gruppen an. (Beispiele, wie man Gruppen bilden kann, finden Sie im Kapitel "Werkstatt-Ideen von A bis Z".):

- "Reagieren wir alle auf die gleiche Weise?"
- "Wird deine Tabelle immer so aussehen?"
- "Kannst du die unangenehmen Gefühle irgendwie weiter ordnen?"
- "Wie kann man mit Gefühlen wie Ärger etc. umgehen?"

Gesammelte Gefühle

ablehnend	erschreckt	neidisch
ängstlich	frustriert	neugierig
aufmerksam	gelangweilt	scheu
boshaft	gereizt	schüchtern
cool	geschockt	traurig
empört	gleichgültig	überrascht
entschlossen	glücklich	unentschlossen
entsetzt	interessiert	verletzt
enttäuscht	kläglich	verliebt
erleichtert	leidenschaftlich	verwirrt
erschöpft	nachdenklich	zuversichtlich

A29

© Verlag an der Ruhr,
4330 Mülheim/Ruhr

Wer bin ich? Wer bist Du?

Im Strudel der Gefühle

Um unsere Gefühle auszudrücken, benutzen wir häufig Sprachbilder. Hier sind einige Beispiele:

Ich fühle mich wie neugeboren.
Das frißt mich alles auf.
Ich fühle mich wie ein geprügelter Hund.
Ich könnte vor Freude in die Luft springen.
Ich könnte im Boden versinken.
Ich bin in die Ecke gedrängt.
Ich könnte die ganze Welt umarmen.
Ich fühle mich am Boden zerstört.
Ich habe einen richtigen Tritt bekommen.
Ich fühle mich himmlisch.

Kannst du die Liste ergänzen? Fertige zu diesen Sprachbildern andere Zeichnungen an.
Kannst du sagen, was die einzelnen Ausdrücke bedeuten? Probiere diese mit jemandem aus deiner Familie aus.

Denke dir ein eigenes Sprachbild aus, und mache dazu eine Zeichnung.

Lieben, Lernen, Lachen:

Risikofaktoren

 Thema, Ziel
Zeigen, daß wir Risiken unterschiedlich einschätzen.
Risikoreiche Situationen und deren Bewältigung erkennen.

 Zeitrahmen
30 Minuten.

 Altersstufe
9-11 Jahre.

 **Gruppengröße**
Kleingruppen.

 Benötigtes Material
Fotokopien des Arbeitsblattes "Gefährliche Sachen" (S. 99), zerschnitten in kleine Kärtchen, pro Kleingruppe einen Kärtchensatz, Zeichenblätter, Filzstifte und Haftmaterial für jede Gruppe.

 Anknüpfungsmöglichkeiten
Wir erkunden Beziehungen
Wie ich mich schützen kann
Wie wir beeinflußt werden

So geht es

Lassen Sie die Kinder, wie in Kapitel 3 beschrieben, Kleingruppen zu je 4 oder 5 Kindern bilden. Jede Kleingruppe erhält einen Satz Kärtchen mit "Gefährlichen Dingen". Die Kärtchen werden mit der Bildseite nach unten auf den Tisch gelegt.
Jede Kleingruppe erhält jetzt ein Zeichenblatt, auf das ein Zahlenstrahl mit einer Skala von 0 bis 10 gezeichnet wird. Den Kindern wird erläutert, daß 0 "kein Risiko", 10 dagegen "sehr hohes Risiko" bedeutet. An diesem Punkt kann die Klasse erste Vorschläge machen, welche Dinge bei 0 und welche wohl eher bei 10 angesiedelt werden müßten. Den Kindern werden nun die Spielregeln des Ratespiels erklärt: Das Kind, das dran ist, muß vorhersagen, auf welche Stelle der Zahlenskala die noch verdeckte oberste Karte vom Stapel plaziert werden kann. Danach deckt es die Karte auf. Alle Kinder der Gruppe entscheiden mehrheitlich, wo die Karte auf der Zahlenskala 0-10 einzuordnen ist. Haben

Wer bin ich? Wer bist Du?

sie sich geeinigt, wird die Gefahrenkarte in der entsprechenden Position mit Haftmaterial fixiert. Abwechselnd arbeiten sich die Kinder nun durch den Kartenstapel durch.

Legen Sie einen Zeitpunkt fest, zu dem Kinder aus je zwei Kleingruppen zusammenkommen, um zu vergleichen, an welche Stellen sie die einzelnen Karten plaziert haben. Zur Vertiefung der Zusammenarbeit können Sie folgende Fragen stellen:

- "Habt ihr euch problemlos geeinigt?"

- "Bei welchen Karten wart ihr unterschiedlicher Meinung?"

- "An welche Gefahren hast du bei den einzelnen Bildern gedacht?"

- "Was kannst du tun, um solche Gefahren zu vermeiden oder ihnen aus dem Wege zu gehen?"

Der Abschluß kann ein offenes Klassengespräch darüber sein, was sie über das Eingehen von Risiken gelernt haben.

Variations- und Erweiterungsmöglichkeiten

Die Kinder können ihre eigenen "Risiko"-Karten entwerfen.

Die visuellen Impulse können Anlaß für freie Texte sein.

Sie können geeignete Videofilme einsetzen.

Risiko: Gefährliche Sachen

Wer bin ich? Wer bist Du?

Wie ich mich schützen kann

Thema, Ziel
Überlegen, wie man sich selbst in einer Gemeinschaft schützen kann. Schutzmaßnahmen kennenlernen und verstehen.

 Altersstufe
7-11 Jahre.

Benötigtes Material
Zeichenblätter, Filzstifte.

 Zeitrahmen
30 Minuten.

 Gruppengröße
Alle.

 Anknüpfungsmöglichkeiten
Wir erkunden Beziehungen
Risikofaktoren
Wie wir beeinflußt werden

So geht es

Diskutieren Sie mit der Klasse, oder machen Sie ein Brainstorming zum Thema: "Was alles beschützt werden muß", z.B. Tiere, Babys, ältere Menschen, Wertsachen etc.

Teilen Sie nun die Klasse in Kleingruppen zu vier/fünf Kindern ein (vgl. Möglichkeiten in Kapitel 3). Jede Gruppe erhält Zeichenblätter und Filzstifte. Es soll aufgeschrieben werden, auf welche Weise Personen oder Dinge geschützt werden können, z.B.: Gehorsamstraining für Haustiere, Laufställe für Kleinkinder, verschiedene Schutzvorrichtungen für ältere Menschen, Verkehrsampeln etc.

Lassen Sie dann die Gruppe ihre Liste an die jeweilige Nachbargruppe weitergeben. Der Reihe nach stellen dann die einzelnen Gruppenmitglieder mimisch dar, auf welche Weise man sich schützen kann. Die anderen Kinder müssen raten, um was es sich handelt.

Variation
Anstelle eines großen Zeichenblattes können auch kleine Karteikärtchen verwendet werden, auf denen die einzelnen Ideen notiert werden. Die Kärtchen werden dann verdeckt weitergegeben.

Lieben, Lernen, Lachen:

An wen kann ich mich wenden?

 **Thema, Ziel**
Menschen in unserer Umgebung benennen, an die wir uns vertrauensvoll wenden können.

 **Zeitrahmen**
30 Minuten.

A33

 **Altersstufe**
Jedes Alter.

 **Gruppengröße**
Alle.

Benötigtes Material
Papier, Zeichenmaterial.

 **Anknüpfungsmöglichkeiten**
Wir erkunden Beziehungen

So geht es

Benutzen Sie die Sequenz "Wir erkunden Beziehungen" (vgl. S. 81), um ein Gespräch über Vertrauen in Gang zu setzen.

Die Kinder sollen nun alle die Menschen notieren, denen sie vertrauen. Wenn sie dann noch Bilder von ihren Vertrauenspersonen anfertigen, läßt sich daraus ein kleines Büchlein zusammenstellen. Alternativ können sich die Kinder eine bestimmte Vertrauensperson aussuchen, um ihr eine Danksagungskarte zu zeichnen.

Wer bin ich? Wer bist Du?

Ich bin gerne ...

 Thema, Ziel
Herausfinden von Stereotypen.

 Altersstufe
Ab 8 Jahre.

 Benötigtes Material
Fotokopien des Fragebogens (S. 104), Zeichenblätter, Scheren, Stifte.

Zeitrahmen
30 Minuten.

Gruppengröße
Einzelarbeit, danach in Kleingruppen.

Anknüpfungsmöglichkeiten
Das ABC der Berufe
Sherlock Holmes
Bildimpulse

So geht es

Der Fragebogen wird verteilt und von den Kindern ausgefüllt. Anschließend bilden sie Kleingruppen (Ideen dazu in Kapitel 3). Auf die Zeichenblätter zeichnen sie formatfüllend zwei große Kreise:

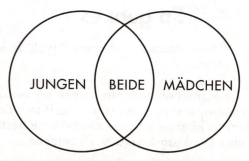

102   *Lieben, Lernen, Lachen:*

Nun werden die ausgefüllten Fragebogen so zerschnitten, daß auf jedem Streifen eine Aussage zu lesen ist. Diese "Antwortstreifen" werden verdeckt in die Tischmitte gelegt. Der Reihe nach wählt jedes Kind einen Streifen aus und plaziert ihn nach eigenem Ermessen innerhalb der Kreise.

Ermutigen Sie die Kinder, über die jeweilige Entscheidung zu sprechen und eventuelle Streitfälle gesprächsweise auszuräumen.

Nach Abschluß der Kleingruppenaktivität können sie folgende Fragen stellen:

"Wart ihr euch alle einig?"

"Über was habt ihr am längsten diskutiert?"

"Habt ihr etwas über das Bild vom 'Jungen' und 'Mädchen' gelernt?"

"War irgend jemand in der Gruppe überrascht, wo du deine Antwort eingeordnet hast?"

"Was hast du bei diesem Spiel gelernt?"

Wer bin ich? Wer bist Du?

Ich bin gerne ...

Fragebogen

Ich bin gerne ein Mädchen/Junge, weil ...

1. _____
2. _____
3. _____
4. _____
5. _____
6. _____

Ich bin nicht gerne ein Mädchen/Junge, weil ...

1. _____
2. _____
3. _____
4. _____
5. _____
6. _____

Ich spiele gerne mit ...

1. _____
2. _____
3. _____
4. _____
5. _____
6. _____

Lieben, Lernen, Lachen:

Das ABC der Berufe

 Thema, Ziel

Kinder sollen wissen und akzeptieren, daß kein Beruf das Privileg eines bestimmten Geschlechtes ist.
ABC üben.
Ein ABC-Buch machen.

 Zeitrahmen

Die erste Phase des Vorhabens ca. 30 Minuten.
Die weitere Arbeit in den nachfolgenden Unterrichtsstunden.

 **Altersstufe**

Ab 8 Jahre.

 Gruppengröße

Alle.

 Benötigtes Material

Papier, Zeichenmaterial, Filzstifte.

 Anknüpfungsmöglichkeiten

Ich bin gerne ...
Sherlock Holmes
Bildimpulse

So geht es

Teilen Sie die Klasse in vier Kleingruppen auf (vgl. dazu Ideen in Kapitel 3). Zwei Gruppen werden aufgefordert, auf zwei getrennten Blättern Listen anzufertigen. Die eine Liste enthält im traditionellen Verständnis typisch "männliche" Berufe, die andere wird als ABC aus männlichen Vornamen zusammengestellt. Die zwei anderen Gruppen erarbeiten entsprechend eine Liste "weiblicher" Berufe und ein ABC weiblicher Vornamen.

Wenn die Gruppen fertig sind, sollen die Gruppen ihre Namenslisten austauschen, so daß die "männlichen" Gruppen weibliche Namen vor sich haben und umgekehrt.

Aus den nun den Gruppen vorliegenden Listen stellen die Kleingruppen eine Fibel der Jobs und Namen zusammen, indem sie mit den Vornamen arbeiten, die sie jetzt haben. Geben Sie ein paar Beispiele: Annette die Automechanikerin oder Klaus der Kindergärtner.

Nach Fertigstellung der Bücher können diese im Klassenraum ausgestellt oder auch an Parallelklassen ausgeliehen werden.

Wer bin ich? Wer bist Du?

Jungen und Mädchen spielen draußen

→ Thema, Ziel
Pausenspiele analysieren.
Wieviel Raum beanspruchen Mädchen bzw. Jungen?

Zeitrahmen
Variabel, entsprechend dem Interesse der SchülerInnen/LehrerInnen.

 Altersstufe
Ab 9 Jahre.

Gruppengröße
Kleingruppenarbeit.

Benötigtes Material
Arbeitsblatt auf S. 107-108.

Anknüpfungsmöglichkeiten
Wir erkunden Beziehungen
Ich bin gerne ...
Das ABC der Berufe
Sherlock Holmes
Bildimpulse

So geht es

Sie können das Arbeitsblatt vollständig oder nur in Teilen einsetzen. Die Aufgaben sollen zusätzlich erläutert werden.

Jungen und Mädchen spielen draußen

Schreibt in eurer Gruppe alle die Spiele auf, die ihr während der Pause auf dem Schulhof spielt. Um die Liste zu ergänzen, könnt ihr auch jüngere und ältere SchülerInnen in unserer Schule nach ihren Spielen fragen.
Überprüft eure Liste, indem ihr auch die anderen Gruppen befragt.

Beobachtet in großen Pausen, welche Spiele gespielt werden.
Schreibt auf, wer welche Spiele spielt, und benutzt als Kennzeichnung J (für Jungen) und M (für Mädchen).

Berichtet der Klasse, was ihr herausgefunden habt. Besprecht miteinander folgende Fragen:

"Wird der Platz auf dem Schulhof fair zwischen Jungen und Mädchen geteilt?"

"Wenn nicht, warum nicht?"

"Was läßt sich dagegen machen?"

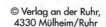

© Verlag an der Ruhr,
4330 Mülheim/Ruhr

Wer bin ich? Wer bist Du?

107

Wir untersuchen die Angelegenheit genauer.
Zunächst fertigt jeder eine Zeichnung des Schulhofs an (so wie ein Vogel ihn sieht). Dann nehmt ihr euren Plan und einen Stift mit in die große Pause und beobachtet, wer wo spielt.
Die Bereiche, in denen Jungen spielen, markiert ihr mit einem großen J, die Bereiche der Mädchen erhalten ein großes M. Um ein genaues Bild zu erhalten, solltet ihr in mehreren Pausen eure Aufzeichnungen machen.

Wenn ihr eure Ergebnisse vorliegen habt, könnt ihr folgende Fragen besprechen:

"Ist der Raum auf dem Schulhof zwischen Jungen und Mädchen gerecht verteilt?"

"Wenn nicht, was kann dagegen unternommen werden?"

Zeigt der Klasse, was ihr herausgefunden habt. Fragt die anderen, ob sie ähnliches herausgefunden haben und ob sie die gleichen Vorschläge haben wie ihr.
Wie müßte dein Traumpausenhof aussehen? Zeichne einen Plan, und besprece ihn mit den anderen Gruppenmitgliedern.
Frage sie, ob sie deinen Plan gut finden. Erkläre ihnen, warum du deinen Plan so gezeichnet hast.

Hast du bei deinem Plan an die Bedürfnisse der anderen gedacht?

Was würden andere vielleicht an deinem Plan verändern?

Schreibe auf, was die anderen an deinem Plan gut finden und was nicht.

Mußt du mit den anderen noch einmal über ihre Pausenspiele reden?

Lieben, Lernen, Lachen:

Sherlock Holmes

 Thema, Ziel
Kinder entdecken, wie sie andere Menschen wahrnehmen.
Stereotypen werden hinterfragt.

 Altersstufe
8-12 Jahre.

 Benötigtes Material
Vier Tragetaschen, in denen sich typische Kleidungsstücke einer Person befinden. (Je mehr Kleidungsstücke es gibt, desto interessanter wird die Diskussion.)

 Zeitrahmen
Eine Stunde für die Gruppenarbeit; 30 Minuten für das anschließende Auswertungsgespräch.

 Gruppengröße
Vier Kleingruppen, alle.

 Anknüpfungsmöglichkeiten
Ich bin gerne ...
Das ABC der Berufe
Bildimpulse

So geht es

Es werden vier Kleingruppen gebildet (Ideen dazu in Kapitel 3).
Jede Gruppe erhält eine Tragetasche mit Kleidungsstücken. Auf ein Signal hin öffnen die Kinder die Tragetaschen. In den folgenden 30 Minuten diskutieren sie, wer diese Art von Kleidung wohl trägt. Sie zeichnen diesen Menschen und beschreiben ihn in einem kurzen Steckbrief.

Nach 30 Minuten wird die Tasche mit den Kleidungsstücken an die nächste Gruppe weitergereicht.
Dann diskutieren Sie mit der ganzen Klasse. Dazu sollten die Bilder und Personenbeschreibungen jeweils aufgehängt werden.
Mögliche Frageimpulse wären:
"Haben wir uns alle die gleichen Personen vorgestellt?"
"Wenn ja, warum?" "Wenn nicht, warum nicht?"
"Können wir aus der Kleidung schließen, wie ein Mensch wirklich ist?"
"Woran erkennen wir, wie ein Mensch wirklich ist?"

Weiterer Diskussionsstoff ergibt sich durch folgenden Impuls:
"Selbst wenn wir glauben, einen Menschen genau zu kennen, kann er manchmal etwas tun, was wir nicht erwartet hätten."

Wer bin ich? Wer bist Du?

Bildimpulse

→ **Thema, Ziel**
Unterschiedliche Lebensweisen erkunden.

Altersstufe
Ab 8 Jahre.

Benötigtes Material
Fotokopien der Bildimpulse und der Kommentare (vgl. die beiden folgenden Seiten), Karteikärtchen, Zeichenmaterial.

 Zeitrahmen
30 Minuten und mehr.

Gruppengröße
Zweiergruppen, Vierergruppen, alle.

Anknüpfungsmöglichkeiten
Risikofaktoren
Ich bin gerne ...
Das ABC persönlicher Eigenschaften
Sherlock Holmes

So geht es

Es werden Zweiergruppen gebildet. Jede Gruppe erhält einen Satz Bildkarten. Die Kärtchen müssen Sie vorher auseinanderschneiden.
Die Gruppen sollen die Bildkarten in einer Reihe vor sich auf den Tisch legen, um dann zu entscheiden, welche der Aussagekarten jedem Bild zuzuordnen ist. Sie können den Kindern auch Blankokarten geben, damit sie eigene Aussagenkärtchen schreiben können.

Dann sollen jeweils zwei Gruppen ihre Antworten miteinander vergleichen. Sie müssen versuchen, sich über ihre jeweiligen Zuordnungen zu einigen. Dies kann in ein Gespräch mit allen Kindern über Stereotypen übergehen.
Diskutieren Sie die Vielzahl der Lebensweisen, für die sich Menschen entschieden haben.

Dann erhalten die Kinder Blankokarten und sollen die Lebensweise zeichnen, die die Personen auf den kopierten Kärtchen in zehn Jahren haben werden.
Das läßt sich zu einem Ratespiel erweitern. Es werden nur die Zeichnungen der Kinder gezeigt, und die Klasse soll raten, welches Bild zu welchem Original gehört. Wenn Sie wollen, läßt sich an dieser Stelle das Unterrichtsgespräch über Stereotypen und persönliche Lebensstile vertiefen.

Im Sinne einer unterrichtlichen Erweiterung können die Bildimpulse auch als Anlaß für freie Texte genutzt werden.

Bildimpulse

Wer bin ich? Wer bist Du?

Bildimpulse: Aussagekarten

A38

© Verlag an der Ruhr,
4330 Mülheim/Ruhr

Ich will nicht von anderen abhängig sein.	Ich finde Aussehen ist sehr wichtig.	Ich mache mir nichts daraus, was andere über mich denken.
Die meisten Menschen um mich herum sind egoistisch.	Du mußt so aussehen, wenn du überleben willst.	Wichtig ist, daß Eltern streng mit ihren Kindern umgehen.
Freundschaft ist wirklich wichtig.	Wichtig ist, wie Leute reden.	Wichtig ist, sich um andere Leute zu kümmern.

Lieben, Lernen, Lachen:

Ein Großteil der in diesem Kapitel vorgeschlagenen Unterrichtsarbeit erfordert ein Wissen, das noch außerhalb des unmittelbaren Erfahrungsbereiches der Kinder liegt. Deshalb hat hier auch der Frontalunterricht seine Berechtigung. Leitideen und Hauptinhalte des Kapitels sind:

- die Kinder sollen Raum bekommen, ihre eigenen Lernprozesse aktiv mitzugestalten;
- Methoden, wie Sie einschätzen können, wieviel die Kinder verstanden haben;
- Wege zu finden, wie die Kinder ihre eigenen Worte und Haltungen entdecken können;
- die Kinder sollen auch mitbekommen, daß die meisten behandelten Themen nicht nur sachlich sind, sondern mit Gefühlen zu tun haben;
- den Kindern sollen Fakten vermittelt werden;

Die Informationsblätter in diesem Kapitel sollen lediglich als Beispiele dienen, da dies kein umfassendes "Handbuch der Sexualität" ist. Für die Hand der Lehrkraft bieten wir jedoch auch einige weitergehende Fakten an. Dazu dienen auch die weiterführenden Literaturhinweise in Kapitel 7.

In bezug auf Ihre eigene Unterrichtsplanung möchten wir Sie darauf aufmerksam machen, daß Sie

- die gültigen Vorgaben und Anordnungen bezüglich sexueller Aufklärung noch einmal durchblättern,
- die Eltern der Kinder über Ihr Vorhaben informieren oder sie daran beteiligen,
- sich Ihrer eigenen Haltungen und Wertvorstellungen bewußt sind und sich Gedanken machen, auf welche Weisen diese Einfluß auf Ihre Unterrichtsarbeit nehmen.

114   *Lieben, Lernen, Lachen:*

Lauter Wörter

 Thema, Ziel
Die Kinder sollen über die Sprache nachdenken, die sie benutzen.

 Altersstufe
Ab 8 Jahre.

Benötigtes Material
Zeichenblätter (DIN A3), Füller/Bleistifte, Fotokopien des Arbeitsblattes auf S. 116. Weitere Kopien der Anatomiezeichnungen auf den S. 132-133 wären hilfreich.

 Zeitrahmen
30 Minuten.

 Gruppengröße
Alle, Partnerarbeit.

 Anknüpfungsmöglichkeiten
Ideen-Kiste
Fragen aus dem Hut

So geht es

Als Einstieg regen Sie an, einmal darüber nachzudenken, welche Wörter wir benutzen, wenn wir mit bestimmten Personen oder Gruppen sprechen. Zum Beispiel würden wir zur Schulleiterin bzw. zum Schulleiter sicherlich nicht "Schätzchen" sagen.

Erklären Sie, daß bei dem nachfolgenden Arbeitsblatt bestimmte Ideen und Absichten möglichst höflich ausgedrückt werden sollen. Durch die Anatomiezeichnungen haben die Kinder die medizinischen Begriffe für die Körperteile parat.

Geben Sie den Kindern Gelegenheit, ihre Fragen und Probleme im Umgang mit bestimmten Begriffen auf einen Zettel zu schreiben, der in die Ideen-Kiste (vgl. S. 159) eingeworfen werden kann.

Nichts bleibt so, wie es ist

Lauter Wörter

höflich ——————————————————————— unhöflich

Suche dir eine/n PartnerIn aus.
Zeichne auf ein Blatt Papier eine Linie mit den beiden Wörtern wie hier oben.

Überlege einmal, welche Wörter du gebrauchst, wenn du in einer speziellen Stimmung bist.
Zum Beispiel: Möchtest du gern in Ruhe gelassen werden?
Wie würdest du es auf eine wenig höfliche Art und Weise sagen? Dies mußt du nicht aufschreiben.

Nun sag das Ganze noch einmal mit höflichen Worten.
Schreibe diese höfliche Form auf.

Probiere das einmal bei folgenden Absichten:

- Du willst auf die Toilette gehen.

- Du sollst einem Erwachsenen mitteilen, daß dich jemand übel beschimpft hat.

- Du möchtest die sexuellen Körperteile des Mannes beschreiben.

- Du möchtest die sexuellen Körperteile der Frau beschreiben.

- Du möchtest einen sexuellen Vorgang beschreiben.

Fallen dir noch weitere Situationen ein, wo du etwas sagen mußt?
Schreibe die höfliche Form auf.

Lieben, Lernen, Lachen:

Ich kann dich verstehen

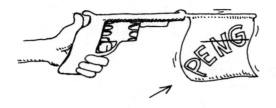  

 Thema, Ziel

Die Kinder lernen medizinische Begriffe auszusprechen und zu verstehen.
Sie legen ein "medizinisches Wörterbuch" an.

 **Altersstufe**

Ab 8 Jahre.

Benötigtes Material

Fotokopien des Arbeitsblattes auf der nächsten Seite (Lösungen: S. 117: Penis, S. 118: Genitalien, Eisprung, Vagina, Bakterien), Wandtafel und Kreide bzw. Zeichenblätter und Filzstifte für jede Gruppe.

 **Zeitrahmen**

30 Minuten.

Gruppengröße

Alle, danach Gruppenarbeit.

Anknüpfungsmöglichkeiten

Jeder neue Begriff, der den Kindern vorgestellt wird.

So geht es

Erklären Sie den Kindern, daß es alle möglichen Wörter gibt, die schwierig auszusprechen sind und deren Bedeutung nicht jeder kennt.

Nachdem die Kinder eine Liste mit solchen Wörtern erhalten haben, bekommen sie den Arbeitsauftrag, diese Wörter in einfache Zeichnungen (Piktogramme) umzusetzen. Zunächst wird die Klasse jedoch in Kleingruppen aufgeteilt. Jede Gruppe erhält eine Kopie des Arbeitsblattes. Die Aufgabe lautet, die in den Bildern versteckten Wörter herauszufinden. Zu einem von der Lehrkraft bestimmten Zeitpunkt werden die herausgefundenen Wörter zwischen den Gruppen ausgetauscht. Die Kinder können auch ermutigt werden, ein eigenes Bilderrätsel für weitere medizinische Begriffe zu entwerfen.

Nichts bleibt so, wie es ist

Ich kann dich verstehen

Findest du heraus, welche Wörter sich in diesen Bildfolgen verstecken?

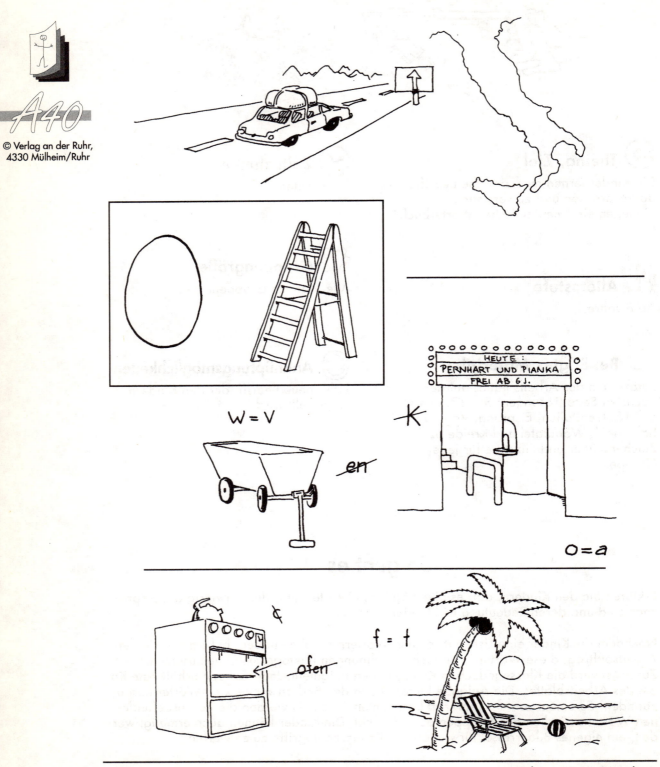

Körpersprache

 Thema, Ziel
Den Kindern entlocken, welche Körperteile sie als privat empfinden.

 Altersstufe
Ab 8 Jahre.

 Benötigtes Material
Fotokopien des männlichen/weiblichen Körpers (siehe S. 128-129), Zeichenpapier, Zeichenmaterial.

 Zeitrahmen
30 Minuten.

 Gruppengröße
Alle.

 Anknüpfungsmöglichkeiten
Wir benennen Körperteile
Wir angeln Körperteile
Weiblich oder männlich?
Wie wir beeinflußt werden
Wir überprüfen die Fakten

So geht es

Die Kinder erhalten Zeichenblätter und sollen darauf den Umriß ihres eigenen Körpers zeichnen. Diese Zeichnung sollten sie mit so vielen Wörtern für Körperteile wie möglich beschriften, natürlich an der richtigen Stelle.

In Partnerarbeit werden die Umrißlinien und die Bezeichnungen verglichen. Danach werden entsprechende fotokopierte Zeichnungen (Jungen oder Mädchen) verteilt. Mit deren Hilfe sollen die Kinder ihre Zeichnungen fertig beschriften.

Danach können die Kinder in ihrer Umrißzeichnung jene Körperteile in unterschiedlichen Farben ausmalen, wo sie gerne bzw. wo sie nicht gerne berührt werden. Diese Bilder können eingesammelt werden und helfen Ihnen bei der weiteren Arbeit.

Später können diese Informationen für eine Diskussion über die individuelle Privatsphäre und unser Recht am eigenen Körper nützlich sein.

Nichts bleibt so, wie es ist

Wir benennen Körperteile

 **Thema, Ziel**
Verschiedene Körperteile identifizieren. Hilfe, um Wissen und Haltungen der Kinder in Erfahrung zu bringen.

 **Altersstufe**
Ab 9 Jahre.

 Benötigtes Material
Fotokopien des männlichen und weiblichen Körpers, (S. 128–129) auseinandergeschnitten.

 Zeitrahmen
30 Minuten.

 Gruppengröße
Alle, Partnerarbeit.

 Anknüpfungsmöglichkeiten
Körpersprache
Wir angeln Körperteile
Weiblich oder männlich?
Der Klassen-Briefkasten
Fragen aus dem Hut
Wir überprüfen die Fakten

So geht es

Die in Zweiergruppen eingeteilte Klasse erhält von Ihnen die in Puzzleteile zerschnittenen Bilder des männlichen und weiblichen Körpers. Die Arbeitsanweisung lautet, die beiden Körper wieder zusammenzusetzen und mindestens 15 Körperteile zu benennen. (Um es leichter zu machen, kann vorher ein Brainstorming zu den Körperteilen gemacht werden.)

Nachdem mindestens 15 Körperteile benannt wurden, sollen die Kinder die Körperteile in eine Reihenfolge bringen. Wonach die Kinder ordnen sollen, hängt von Ihrer weiteren Planung ab, z.B.: "Beginne mit den Körperteilen, über die du viel weißt, und führe die Reihe fort bis zu den Körperteilen, über die du sehr wenig weißt." Oder: "Von den Körperteilen, die dir peinlich sind, bis zu den Körperstellen, die dir überhaupt nicht peinlich sind."

Variation:
Die Kinder erhalten eine unzerschnittene Seite und sollen in Einzelarbeit 15 Körperteile schriftlich benennen. Das Blatt sollen sie niemandem zeigen.
An zehn der benannten Körperteile schreibt jedes Kind eine fortlaufende Ziffer.

Nun wird die Klasse in Zweiergruppen aufgeteilt und die jeweiligen PartnerInnen mit A und B bezeichnet. Die PartnerInnen sitzen sich gegenüber, zeigen sich ihr mit Zahlen versehenes Bildblatt aber nicht.

A beginnt das Frage-Antwort-Spiel und nennt einen Körperteil. Hat B an dem genannten Körperteil eine Zahl stehen, so erhält A diese als Punkt gutgeschrieben. Trifft A ins Leere, gibt es keine Punkte, und das Fragerecht geht an B über.

Auf diese Weise wird das Spiel fortgesetzt, bis Sie "stop!" sagen.

Nichts bleibt so, wie es ist

Wir angeln Körperteile

 Thema, Ziel
Körperteile identifizieren.
Rechtschreibhilfen beim Wortfeld Körperteile.
Förderung kooperativen Lernens.

 Altersstufe
In der hier vorgeschlagenen Form: ab 7 Jahre.

Benötigtes Material
"Magnetangel" (kleiner Magnet mit einem Stück Schnur an einem Stock), ausgeschnittene Körperteile (vgl. S. 128-129) mit Metall-Büroklammern versehen; Behälter (kleiner Plastikeimer, Pappkarton o.ä.), Wortkarten zu den Körperteilen.

 Zeitrahmen
20 Minuten.

 Gruppengröße
Kleingruppenarbeit.

 Anknüpfungsmöglichkeiten
Körpersprache
Wir benennen Körperteile
Weiblich oder männlich?
Wir überprüfen die Fakten
Wir organisieren uns

So geht es

Die Klasse wird in vier Kleingruppen aufgeteilt. Jede Gruppe erhält einen Satz Wortkarten "Körperteile" und den dazugehörigen Satz Bildkarten, auf die eine Büroklammer aufgesteckt ist.

Die Wortkarten werden verdeckt in die Mitte des Tisches gelegt. Die Bildkarten kommen in den Behälter. Dann nimmt sich jedes Kind eine Wortkarte vom Stapel. Immer abwechselnd sollen sie jetzt mit der Magnetangel den Körperteil angeln, der auf ihrer Wortkarte angegeben ist. Gelingt dies, so kann das Kind Bild- und Wortkarte gemeinsam ablegen. Wenn nicht, wandert die Bildkarte sofort zurück in den Behälter.

Lieben, Lernen, Lachen:

Alternativ kann ein Kind einen geangelten Körperteil auch an ein anderes Kind, das die entsprechende Wortkarte hat, weitergeben, vorausgesetzt, das Kind kann, ohne auf seine Karte zu schauen, die Schreibweise des Körperteils buchstabieren.

Das Spiel endet, wenn alle Körperteile aus dem Behälter geangelt sind. Danach muß die Kleingruppe versuchen, aus den verschiedenen Bildteilen den kompletten Körper zusammenzusetzen.

Variationen:
Verfügen die Kinder zu diesem Zeitpunkt bereits über komplexere Kenntnisse des Wortfeldes, so können diese zur Grundlage der Arbeit gemacht werden.

Übertragbar ist diese Aktivität auch auf die Bezeichnungen für die Geschlechtsorgane. In einer noch weiter verfeinerten Version kann man das Spiel auch bei der Behandlung der inneren Organe des Menschen einsetzen. Dazu nimmt man die Zeichnung des Umrisses und macht sie "durchsichtig".

Nichts bleibt so, wie es ist

Wir organisieren uns

⇒ Thema, Ziel
Bezeichnung, Form und Funktion einzelner innerer Organe.
Wo im Körper befinden sich diese Organe?

Altersstufe
Geeignet für jede Altersstufe.

Benötigtes Material
DIN-A3-Vergrößerungen der Körperumrißlinien und der wichtigsten inneren Organe (vgl. S. 128-131), Haftmaterial (Blu-tak o.ä.), Zeichenblätter, Filzstifte.

Zeitrahmen
30 Minuten.

Gruppengröße
Alle, Kleingruppen, größere Gruppen.

Anknüpfungsmöglichkeiten
Wir angeln Körperteile
Weiblich oder männlich?
Wir überprüfen die Fakten

So geht es

Schneiden Sie vor Beginn der Unterrichtssequenz aus drei vergrößerten Fotokopien drei Sätze Bildkarten aus, z.B. drei Herzen, drei Mägen etc. Die identischen Bildkarten werden mit 1, 2 und 3 numeriert.
Alle Bildkärtchen werden an die Klasse verteilt. Die Kinder müssen nun die PartnerInnen finden, die das gleiche Organ haben. Als Gruppe beraten und entscheiden sie, welche Funktion dieses Organ haben könnte.

Auf einem großen Blatt (Zeichenblatt) hält jede Gruppe ihr Ergebnis schriftlich fest und trägt dies der ganzen Klasse vor. Daraus kann sich ein angeregtes Unterrichtsgespräch ergeben.
Dabei können Sie Fehler und eventuelle Unklarheiten ausräumen.

Lieben, Lernen, Lachen:

Die Kinder bilden nun nach den Zahlen auf ihren Bildkärtchen drei Gruppen. Jede der Großgruppen erhält eine vergrößerte Fotokopie der Körperumrißlinie. Auf dieser Zeichnung sollen sie die Körperorgane mit den Haftis richtig plazieren. Dann beschriften sie die Zeichnung (oder Karteikärtchen) mit den Namen und Funktionen der Organe.

Nach Fertigstellung werden die Arbeitsergebnisse aufgehängt, und die Kinder können dazu ihre Kommentare abgeben.

Variation:
Die folgende Aktivität läßt sich am besten in einer großen Halle durchführen (Pausenhalle, Turnhalle, Aula). Die großformatigen Abbildungen und/oder die Bezeichnungen der einzelnen Organe werden an verschiedenen Stellen des Raumes plaziert. Die Kinder setzen sich in der Mitte der Halle auf den Boden, damit Sie die Spielregeln erklären können.
Fangen Sie das Spiel an, und rufen Sie laut den Namen eines Organs. Daraufhin müssen alle Kinder dorthin laufen, wo das Bild bzw. das Namensschild des Organs plaziert ist.
Alternativ können Sie aber auch die Funktion eines Organs beschreiben. Die Kinder laufen dann zu der Abbildung, auf die die Funktionsbeschreibung paßt.

Sie können aber auch Spielanweisungen geben, die darauf abzielen, sich nicht durch den Raum zu bewegen. Eine solche Anweisung könnte lauten: "Zeige mir die Funktion der/des ...", wobei jeweils das betreffende Organ eingesetzt wird. Das heißt dann, daß alle Kinder da stehenbleiben, wo sie gerade sind, und mimisch die Funktion des genannten Organs darstellen. Auf die Aufforderung hin: "Zeige mir die Funktion der Lunge", bleiben die Kinder stehen, atmen tief ein und aus oder machen pantomimisch "Rauchen" oder "Singen" vor.

Nichts bleibt so, wie es ist

Weiblich oder männlich?

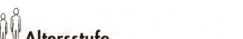

 Zeitrahmen
Mindestens 30 Minuten.

Thema, Ziel
Kinder lernen, Körperteile zu identifizieren, sie korrekt zu benennen und sie geschlechtlich zuzuordnen.

 Altersstufe
Ab 8 Jahre.

 Gruppengröße
Alle, Kleingruppen.

Benötigtes Material
Einen Klassensatz des Arbeitsblattes auf S. 127. Für jede Gruppe je eine Kopie der männlichen und weiblichen Anatomie (vgl. S. 132-133), große Bögen Papier.

 Anknüpfungsmöglichkeiten
Körpersprache
Wir benennen Körperteile
Wir angeln Körperteile
Wir organisieren uns
Wir überprüfen die Fakten

So geht es

Sie teilen die Klasse in vier bis fünf Kleingruppen (vgl. dazu Ideen in Kapitel 3). Jedes Kind in der Gruppe erhält ein Arbeitsblatt mit den Bezeichnungen verschiedener Körperteile. Der Arbeitsauftrag an die Kleingruppen lautet: "Schaut euch die Liste an, und entscheidet, welche Körperteile zu Männern, welche zu Frauen gehören. Einige Körperteile gehören zu beiden. Die Wörter werden dementsprechend mit M, W, oder B oder mit unterschiedlichen Farben gekennzeichnet. Auf jeden Fall sollt ihr in der Gruppe eine Entscheidung treffen, mit der alle einverstanden sind."
Anschließend werden die großen Papierbögen (Zeichenblätter) ausgegeben, und jede Gruppe erhält den Auftrag, darauf zwei Körperumrißlinien zu zeichnen, und zwar die eines Mannes und die einer Frau. In diese Umrißlinien hinein sollen möglichst genau alle Begriffe von der Wortliste geschrieben werden. Als Kontrollmöglichkeit werden abschließend die Anatomie-zeichnungen an die Gruppen ausgeteilt.

Weiblich oder männlich?

Entscheide! Welche dieser Körperteile sind männlich (M), weiblich (W) oder bei beiden vorhanden (B)?

© Verlag an der Ruhr,
4330 Mülheim/Ruhr

	M	W	B
Eierstock			
Hoden			
Penis			
Hypophyse (Hirnanhangdrüse)			
Vagina			
Harnröhre			
Eileiter			
Brüste			
Brustwarzen			
Hodensack			
Schamhaare			
Gebärmutterhals			

Nichts bleibt so, wie es ist

Männlicher Umriß

© Verlag an der Ruhr,
4330 Mülheim/Ruhr

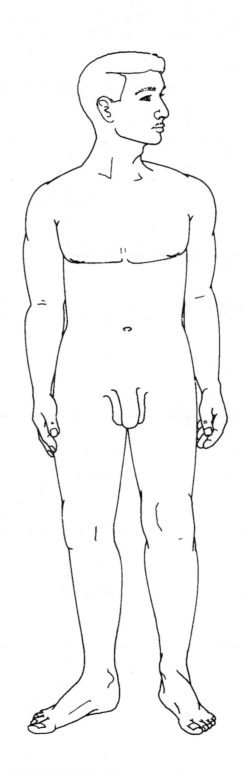

128 Lieben, Lernen, Lachen:

Weiblicher Umriß

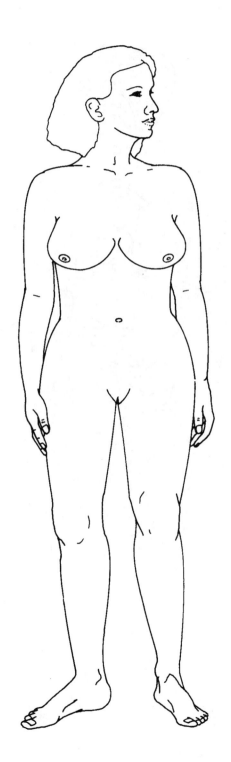

Nichts bleibt so, wie es ist 129

45 Innere Organe (männlich)

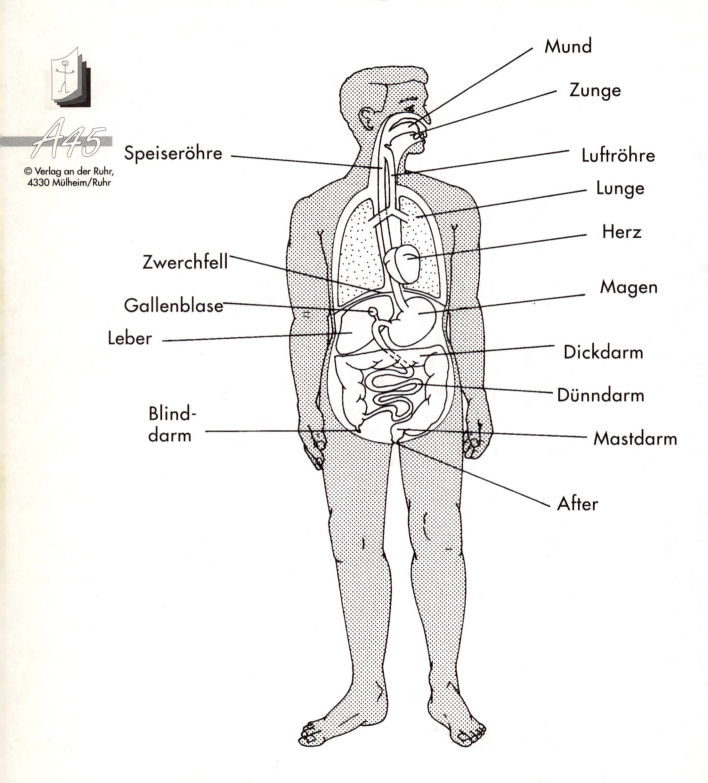

45 Innere Organe (weiblich)

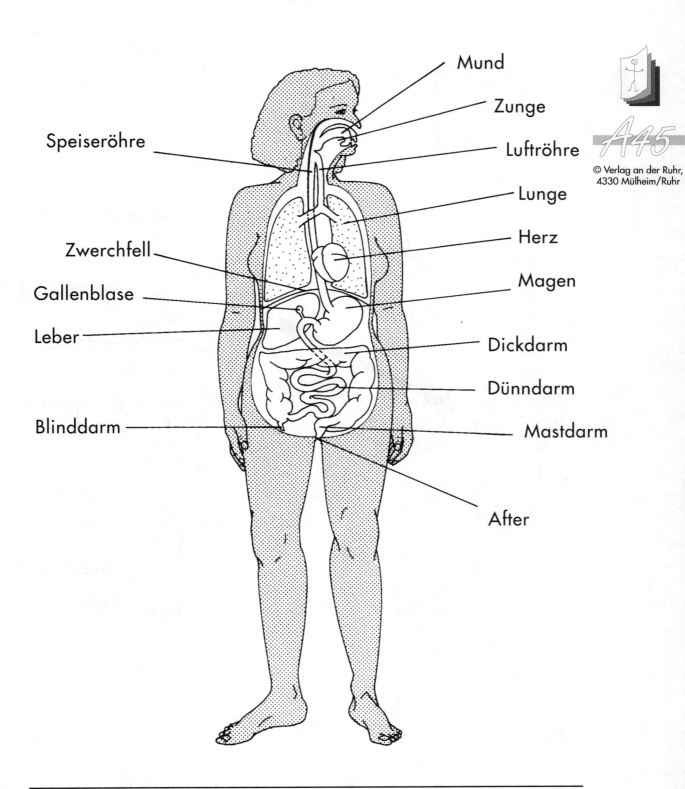

Nichts bleibt so, wie es ist

131

Männliche Geschlechtsorgane

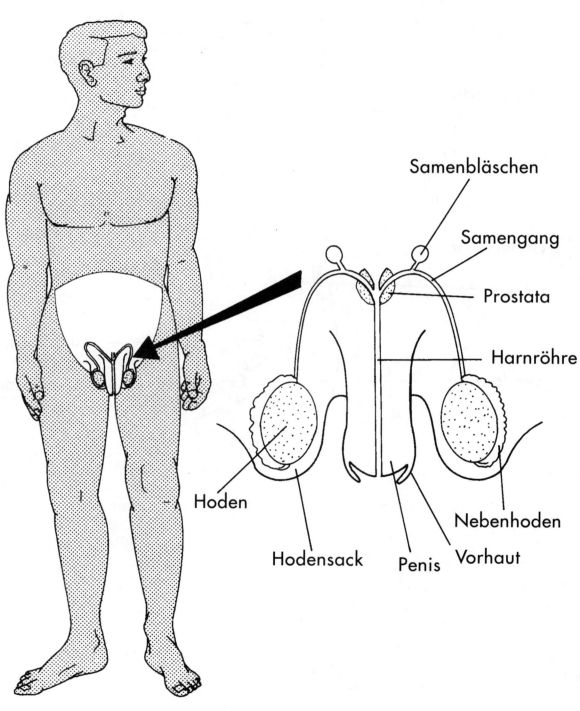

Weibliche Geschlechtsorgane

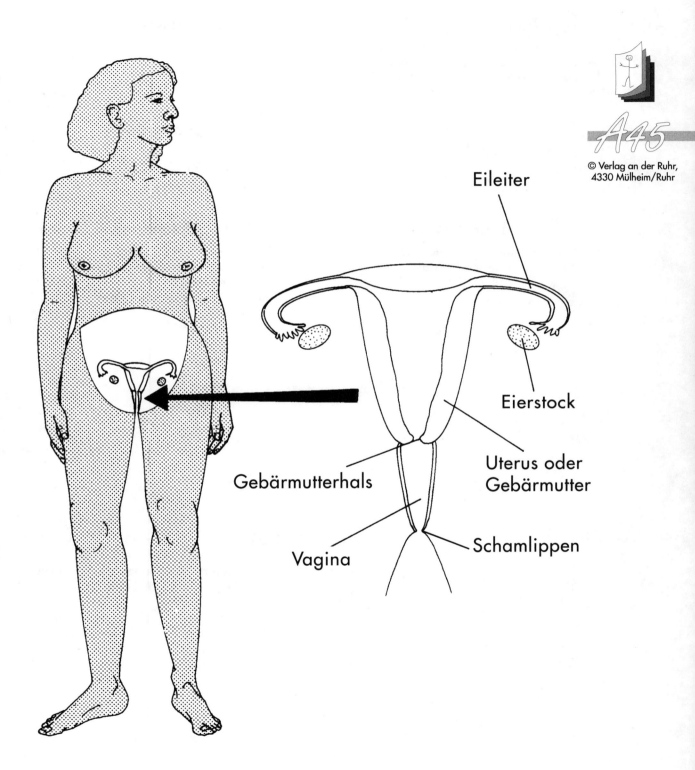

Nichts bleibt so, wie es ist

Wer ist denn das?

 Zeitrahmen
30 Minuten.

Thema, Ziel
Zeigen, daß wir mit zunehmendem Alter immer mehr Dinge tun können und daß sich unser Verantwortungsbereich erweitert.

 Altersstufe
Jedes Alter.

 Gruppengröße
Alle.

Benötigtes Material
Mitgebrachte alte Kinderfotos, Ausstellungsfläche, liniertes Papier, Stifte.

Anknüpfungsmöglichkeiten
Ein Tag in unserem Leben
Zeitpunkte in unserem Leben
Das war schön
Pubertät - was ist denn das?
Pubertät!

So geht es

Bitten Sie alle Kinder der Klasse, Fotos von sich aus früheren Zeiten mitzubringen. Bringen Sie ebenfalls eigene Kinderbilder mit, und lassen Sie sich auch aus dem KollegInnenkreis Fotos mitbringen.
Alle Fotos werden durcheinander auf zwei zusammengeschobene Tische gelegt. Nun sollen die Kinder herausfinden, welches Foto zu welchem Kind oder zu welchem/welcher LehrerIn gehört. Danach sollen die Kinder ihr Foto nehmen und darunter einen kurzen Text schreiben. Als thematische Anregung steht an der Tafel:
    Als ich so alt war, konnte ich...,
    und ich war verantwortlich für ...
    Jetzt kann ich ...
    Ich bin jetzt verantwortlich für ...
    In fünf Jahren werde ich ... können.
    Dann werde ich für ... verantwortlich sein.

Lieben, Lernen, Lachen:

Ein Tag in unserem Leben

➔ Thema, Ziel
Wahrnehmen von Rollen und Verantwortlichkeiten.
Wofür bin ich selbst verantwortlich, wofür andere?
Verantwortlichkeiten wandeln sich mit dem Alter.

Altersstufe
Alle Altersstufen.

Benötigtes Material
Papier, Zeichenstifte, Materialien aus dem Kunstunterricht, Hafties.

Zeitrahmen
30 Minuten.

Gruppengröße
Alle, Kleingruppen.

Anknüpfungsmöglichkeiten
Wer ist denn das?
Zeitpunkte in unserem Leben

So geht es

Die Kinder sammeln in einer Brainstorming-Phase all die Aktivitäten, denen Menschen während eines Tages nachgehen, z.B. aufstehen, waschen.

Nachdem eine Liste erstellt worden ist, können die Kinder in kleinen Gruppen die Tätigkeiten in eine chronologische Reihenfolge bringen. Das Ganze kann auch illustriert werden.
Die Illustrationen können in chronologischer Abfolge im Klassenraum aufgehängt werden.
Teilen Sie die Klasse in Dreiergruppen, und fragen Sie: "In welchem Alter könnte man die Verantwortung für diese Tätigkeit übernehmen?"
Nach kurzer Absprache ordnen die Dreiergruppen jeder abgebildeten Aktivität eine entsprechende Altersstufe zu. Die Altersangabe wird als Ziffer auf eine Karte geschrieben ("Alterskarte"). Anschließend sollen die Gruppen für die einzelnen Tätigkeiten auf Ihr Zeichen eine "Alterskarte" hochhalten.
Verschiedene Auffassungen der Gruppen sind Anlaß für weitere Diskussionen.
Diese Methode kann auch bei anderen Illustrationen eingesetzt werden.
Eine Erweiterung des Themas:
Die Gruppen sollen diskutieren, was sie fühlen, wenn sie daran denken, in einem bestimmten Alter Verantwortlichkeiten zu übernehmen.

Nichts bleibt so, wie es ist

Zeitpunkte in unserem Leben

 **Zielvorstellung**

Was hat sich schon alles in unserem Leben verändert?
Was können wir tun, wofür sind wir verantwortlich?
Uns selbst in unserer Beziehung zu anderen wahrnehmen.

 Altersstufe

Ab 6-7 Jahre.

Benötigtes Material

Große Bögen Papier (Zeichenblätter), schmale Papierstreifen, Filzstifte, Bleistifte.

 Zeitrahmen

30 Minuten.

 Gruppengröße

Alle, dann Einzelarbeit und in Gruppen.

 Anknüpfungsmöglichkeiten

Wer ist denn das?
Ein Tag in unserem Leben
Der Zeit auf der Spur
Das war schön
Pubertät - was ist denn das?
Pubertät!

So geht es

Bitten Sie die Kinder, eine lange Linie auf ein Blatt Papier zu zeichnen, die als Zielleiste dienen soll.
Die Kinder sollen nun ihr Geburtsjahr ganz links auf der Linie eintragen und das gegenwärtige Jahr etwa im Abstand von 2/3 der Zeitleistenlänge einzeichnen, wie es die Abbildung zeigt:

/_____/_____
Geburtsjahr   **dieses Jahr**

Lassen Sie die Kinder Ihnen zurufen, welche Tätigkeiten sie bereits sicher beherrschen,

Lieben, Lernen, Lachen:

und was sie voraussichtlich in der Zukunft machen werden (z. B. gehen, lesen, sprechen, Kinder bekommen, die Regel/Periode bekommen, Auto fahren, einen Beruf haben, eine/n tolle/n FreundIn haben etc.).

Die Kinder werden gebeten, die in der Brainstorming-Phase gefundenen Begriffe einzeln auf die kleinen Papierstreifen zu schreiben, dann an die passenden Stellen der Zeitleiste zu legen und mit Zeitangaben zu versehen.
In Zweier- oder Dreiergruppen werden die Ideen der Kinder verglichen.
Regen Sie ein Unterrichtsgespräch an:

"Habt ihr übereinstimmende Ergebnisse erzielt?"

"In welchen Punkten stimmt ihr nicht überein?"

"Was habt ihr gelernt?"

Der Zeit auf der Spur

→ Thema, Ziel

Den Blick richten auf die persönliche Geschichte, auf lokale Ereignisse und größere geschichtliche Veränderungen, und die Arbeitsergebnisse auf verschiedene Weisen festhalten.
Ein Gefühl der Zeit entwickeln.
Unterschiede und Ähnlichkeiten bei Menschen erkennen.

Altersstufe

Alle, je nach Anweisung der Aufgaben.

Benötigtes Material

Zeitleiste an einer Wand oder mehreren Wänden mit Jahreseinteilungen, die bis zum Geburtsjahr des ältesten Kindes zurückreichen.
Individuelle Zeitleisten, große Bögen Papier und Stifte.

Zeitrahmen

Einführungssequenz: 30 Minuten, dann kann die Zeitleiste so oft wie nötig ergänzt werden.

Gruppengröße

Alle, Vierergruppen, Partnerarbeit.

Anknüpfungsmöglichkeiten

Wer ist denn das?
Zeitpunkte in unserem Leben
Schöne Zeiten zu Hause
Das war schön

So geht es

Erstellen Sie gemeinsam mit den Kindern eine Zeitleiste für den Klassenraum, und halten Sie dabei zwischen den einzelnen Jahreszahlen große Abstände ein.
Unter der Zeitleiste befestigen Sie farbiges Papier, das für die persönlichen Erinnerungen der Kinder vorgesehen ist. Darunter können lokalgeschichtliche Ereignisse und auf einem weiteren Papierstreifen Weltereignisse festgehalten werden.

Lieben, Lernen, Lachen:

Nach dieser Vorbereitung sollen die Kinder in Dreier- oder Vierergruppen arbeiten (vgl. dazu die in Kapitel 3 aufgeführten Ideen).
Die Kinder schreiben wichtige Ereignisse im Leben eines Menschen auf (z.B. Schulwechsel, Geburten, Hochzeiten, Krankheiten). Nach 4-5 Minuten werden die Ideen gemeinsam mit allen zusammengetragen.
Nach dieser Ideensammlung können die Kinder wichtige Ereignisse auf ihren persönlichen Zeitleisten eintragen.

Nach Abschluß der Aufgabe besprechen die Kinder in Partnerarbeit, welche wichtigen Ereignisse für die Zeitleiste im Klassenraum illustriert werden sollen.
Bei den Zeichnungen können sie sich gegenseitig helfen.

Bitten Sie die Kinder, persönliche Gegenstände mitzubringen, die dann als Illustration des entsprechenden Datums verwendet werden (z.B. Namensschildchen von der Geburt). Ebenso können schriftliche Erinnerungen der Kinder und der Lehrkraft das Wandbild ergänzen.
Eltern und Stadtverwaltung können um ihre Unterstützung des Unterrichtsvorhabens gebeten werden. Bei dieser Aufgabe kann man gut "ExpertInnen" von außerhalb einladen.

Beim Erstellen der Zeitleiste zu den weltgeschichtlichen Veränderungen können die Kinder gut selbständiges Arbeiten lernen. Sie können dabei auch einen Fragebogen entwickeln, mit dem sie Informationen bei den Erwachsenen sammeln können.

Nichts bleibt so, wie es ist

Schöne Zeiten zu Hause

Thema, Ziel
Was macht man zusammen in Gruppen?
Familienereignisse feiern.

Altersstufe
Alle Altersstufen.

Benötigtes Material
Papier, Zeichenmaterial, Bleistifte.

Zeitrahmen
30 Minuten.

Gruppengröße
Arbeit mit der ganzen Gruppe.

Anknüpfungsmöglichkeiten
Der Zeit auf der Spur
Das war schön

So geht es

Fordern Sie die Kinder auf zu notieren, was sie alles gemeinsam in der Familie tun. Jüngere können das durch Zeichnungen machen. Diese Arbeit sollte unbedingt jedes Kind für sich allein machen.

Anschließend werden die Handlungen in Zweier- oder größeren Gruppen pantomimisch dargestellt und von den übrigen Kindern erraten.

Dann können die Kinder Texte über "Eine glückliche Zeit in der Familie" schreiben, dazu Bilder malen oder eine "Dankeschön- Karte" an ein Familienmitglied schreiben.

Lieben, Lernen, Lachen:

Das war schön

→ **Thema, Ziel**
Raum schaffen für den Austausch von Erinnerungen.
Ein Gefühl für Zeit entwickeln.
Positive Bestätigung erfahren.

Altersstufe
Ab 7-8 Jahre.

Benötigtes Material
Große Bögen Papier, Filzstifte.

Zeitrahmen
30 Minuten.

Gruppengröße
Alle, zuerst Einzel-, dann Partnerarbeit oder Arbeit in Dreiergruppen.

Anknüpfungsmöglichkeiten
Wer ist denn das?
Zeitpunkte in unserem Leben
Der Zeit auf der Spur
Schöne Zeiten zu Hause

So geht es

Die Kinder sollen sich nach Freundschaften in Dreiergruppen zusammentun. (Wenn die Gefahr besteht, daß ein Kind isoliert wird, sollte man ein anderes Kriterium nehmen.)

In der Gruppe sollen die Kinder zunächst allein arbeiten, aber die beiden anderen Kinder immer im Kopf haben. Sie müssen diese Phase durch Impulse ein wenig leiten:

"Erinnert euch, wie war das, als ihr euch zum ersten Mal getroffen habt?"
"Kramt mal in eurem Gedächtnis, was habt ihr alles zusammen mit den anderen Kindern erlebt?"

Bitten Sie die Kinder, eine chronologische Zeitleiste ihrer Erinnerungen anzulegen. Dazu sollen sie auf dem Papier einen langen Strich ziehen, mit dem Jahr ihrer Geburt an dem einen Ende und dem "Heute" am anderen.
Nun können sie die Jahre dazwischen markieren und ihre Erinnerungen an der entsprechenden Stelle einfügen.
Natürlich zeigen sich die Kinder gegenseitig ihre "Memoiren".

Eine weitere Idee:
Auf ähnliche Weise können die Kinder festhalten, welche Erinnerungen sie von Zeiten mit ihren Familienmitgliedern haben.

Nichts bleibt so, wie es ist

Wie wir beeinflußt werden

 Thema, Ziel
Was beeinflußt unsere Entscheidungen? Schärfen des Bewußtsein für persönliche Verantwortung.

 Zeitrahmen
Mindestens 30 Minuten.

Altersstufe
Ab 9 Jahre.

Gruppengröße
Alle, dann Einzelarbeit.

 Benötigtes Material
Papier und Bleistifte.

Anknüpfungsmöglichkeiten
Wir erkunden Beziehungen
Risikofaktoren
Wie ich mich schützen kann
Körpersprache

So geht es

Erklären Sie den Kindern, wie man die verschiedenen Kräftefelder analysieren kann, in denen wir alle stecken.
Auf diese Weise entwickeln Kinder ein Gespür für die Einflüsse, die ihr Verhalten bestimmen. Ein Beispiel: "Solltest du alleine durch den dunklen Park gehen, nur weil ein/e gute/r FreundIn das unbedingt will?"

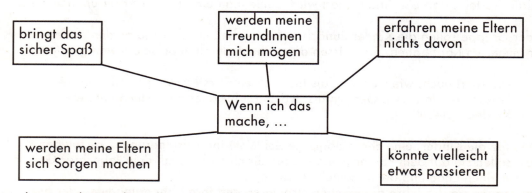

Nun können die Kinder selbst etwas über Situationen schreiben, wo eine Entscheidung gar nicht so leicht ist, z.B.:
 Ich geriet einmal in Versuchung zu stehlen.
 Ich habe einmal Geld gefunden.
 Als meine FreundInnen nicht mehr mit mir spielen wollten, wenn ich nicht ...
 Als ich auf meine kleine Schwester aufpassen sollte und statt dessen lieber ...

Lieben, Lernen, Lachen:

Pubertät - was ist denn das?

 Thema, Ziel
Herausbekommen, wieviel die Kinder schon über Pubertät wissen.

 Zeitrahmen
30 Minuten.

 **Altersstufe**
Ab 10 Jahre.

 Gruppengröße
Zunächst Arbeit mit allen, dann Partnerarbeit.

 Benötigtes Material
Fotokopien des Quiz-Arbeitsbogens auf der folgenden Seite, Stifte, Nachschlagewerke.

 Anknüpfungsmöglichkeiten
Wer ist denn das?
Zeitpunkte in unserem Leben
Pubertät

So geht es

Die Kinder bearbeiten den Quiz-Arbeitsbogen und kreuzen die ihrer Meinung nach richtigen Lösungen an (Aussage richtig oder falsch).

Anschließend können Sie alle Fragen mit der Klasse durchgehen oder sie in Gruppenarbeit vergleichen lassen.

Wenn die Kinder die Antworten selbständig herausfinden sollen, dann müssen Sie unbedingt für ausreichend Quellenmaterial sorgen. (Siehe Hinweise in Kapitel 7.)

An dieser Stelle müssen wir betonen, wie wichtig es ist, daß mögliche Mißverständnisse und Fehlinterpretationen besprochen werden. Unserer Erfahrung nach reagieren Kinder sehr leicht irritiert, wenn sie merken, daß sie sich von anderen unterscheiden. In unserem Unterricht haben wir Unterschiedlichkeit immer als etwas Tolles hervorgehoben.

Nichts bleibt so, wie es ist

Pubertät - was ist denn das?

Lies die unten aufgeführten Sätze durch. Entscheide bei jedem Satz, ob er richtig oder falsch ist.
Wenn du ihn für richtig hältst, kreuze das R an, wenn du ihn für falsch hältst, kreuze das F an.

1 Wenn Mädchen 11 Jahre alt sind, beginnt sich ihr Körper zu verändern.   R F

2 Das Wort "Pubertät" hat sich aus einem alten Wort entwickelt, das bedeutete: "Mann bekommt Haare".   R F

3 Bei den Mädchen beginnt die Pubertät früher als bei den Jungen.   R F

4 Mit Beginn der Pubertät haben Mädchen einmal im Monat ihre Menstruation.   R F

5 Die Menstruation geschieht, damit Mädchen sich später einmal für eine Schwangerschaft entscheiden können.   R F

6 Die Veränderungen werden durch eine Drüse im Gehirn in Gang gesetzt.   R F

7 Während unser Körper sich verändert, verändern sich auch unsere Gefühle.   R F

8 Über die Größe unserer Sexualorgane müssen wir uns keine Sorgen machen.   R F

9 Das Sperma verläßt den Körper durch den Penis.   R F

10 Manchmal kommt Sperma auch nachts.   R F

11 Es ist schlecht für dich, wenn du an deinen Geschlechtsorganen herumspielst.   R F

12 Alle Jungen werden einmal eine tiefe Stimme haben.   R F

13 Alle Jungen werden einmal eine behaarte Brust haben.   R F

14 Die Veränderungen bei Jungen und Mädchen werden von unterschiedlichen Hormonen hervorgerufen.   R F

15 Während der Pubertät solltest du dich noch sorgfältiger waschen und pflegen als sonst.   R F

Lieben, Lernen, Lachen:

Pubertät!

 Thema, Ziel
Die Kinder für entwicklungsbedingte Veränderungen während der Pubertät sensibilisieren.

 Zeitrahmen
30 Minuten.

 **Altersstufe**
Ab 10-11 Jahre.

 Gruppengröße
Sechsergruppen.

 Benötigtes Material
Fotokopien der Arbeitsblätter auf den folgenden drei Seiten, für jede Gruppe ausgeschnitten.

 Anknüpfungsmöglichkeiten
Wer ist denn das?
Zeitpunkte in unserem Leben
Pubertät - was ist denn das?

So geht es

Jedes Kind erhält eine der Bildkarten. Die Textkärtchen liegen verdeckt auf einem Stapel in der Mitte des Tisches.
Erklären Sie, worum es in dem Spiel geht: Jedes Kind soll zu seinem Bild passende Aussage-Kärtchen sammeln.

Die Kinder ziehen sich der Reihe nach von dem Kartenstapel. Ein/e SpielerIn behält die Karte, sofern sie genau zu seinem/ihrem Bild paßt. Ist dies nicht der Fall, können die anderen MitspielerInnen die Karte ergattern, indem sie als erste/r "Pubertät" ausrufen.

Das Spiel dauert so lange, bis alle Karten den entsprechenden Bildern zugeordnet worden sind. Da es keine "richtigen Antworten" gibt, weil einige Karten zu mehreren Bildern passen, erfordert dieses Spiel von den Kindern die Bereitschaft zur Auseinandersetzung und Kooperation.

Variation, Vertiefung
Jede Gruppe bastelt den Würfel zusammen (s. übernächste Seite).
Die Würfelflächen werden mit den Abbildungen (s. folgende Seite) beklebt.
Die Kinder würfeln der Reihe nach und versuchen dann, zu dem gewürfelten Bild die passenden Aussage-Karten zu finden. Bei dieser Spielvariante werden die Aussagekarten ungeordnet verteilt.
Dieses Verfahren erfordert mehr Diskussion und Verständigungsbereitschaft der Kinder untereinander.

Nichts bleibt so, wie es ist

Pubertät!

Veränderungen bei Mädchen

  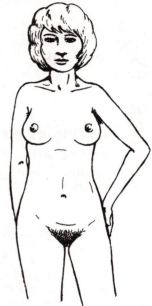

Veränderungen bei Jungen

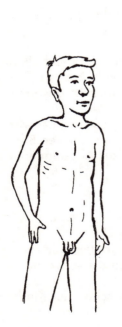 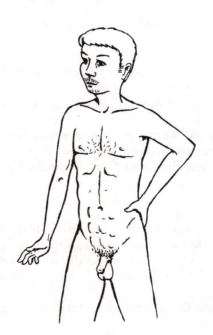 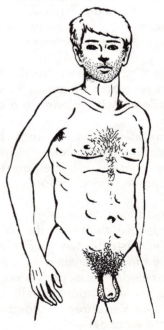

Lieben, Lernen, Lachen:

Pubertät!
Würfel-Bastelvorlage

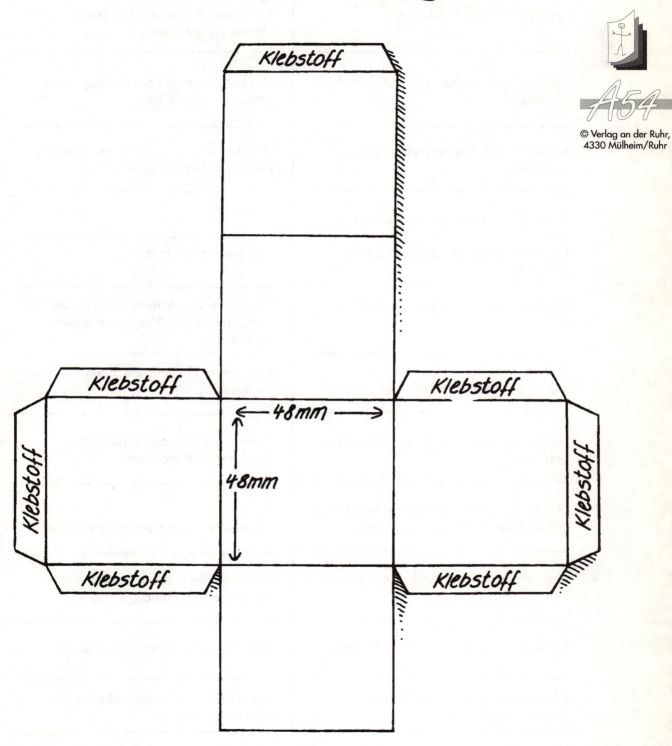

Nichts bleibt so, wie es ist

Das ist Pubertät

Ich habe Brüste bekommen.

Meine Brüste haben sich noch nicht entwickelt.

Meine Brüste haben begonnen zu wachsen.

Meine Hüften werden langsam runder.
Ich habe bemerkt, daß ich stärker schwitze.

Ich muß mich häufiger waschen als früher.

Meine Stimme verändert sich.

Meine Stimme klingt nun schon ziemlich tief.

Meine Schultern und meine Brust sind schon ziemlich breit und kräftig.

Meine Periode hat noch nicht begonnen.

Ich habe regelmäßig meine Periode.

Ich habe bereits meine Periode, aber noch unregelmäßig.

In meinen Achselhöhlen beginnen Haare zu wachsen.

Um meinen Penis herum beginnen Haare zu wachsen.

Um die Öffnung zu meiner Vagina beginnen Haare zu wachsen.

Unter meinen Armen und um meinen Penis wachsen Haare.

Unter meinen Armen und um die Öffnung zu meiner Vagina wachsen Haare.

In meinem Gesicht wachsen noch keine Barthaare.

In meinem Gesicht beginnen Barthaare zu wachsen.

Ich muß mich regelmäßig rasieren.

Ich fühle mich von einem anderen Menschen sexuell angezogen.

Mein Penis ist immer noch klein.

Mein Penis und meine Hoden beginnen zu wachsen.

© Verlag an der Ruhr, 4330 Mülheim/Ruhr

A54

148

Lieben, Lernen, Lachen:

Gemeinsam in der Klasse über Menstruation sprechen

Gegen Ende der Orientierungsstufe wird ein Teil der Mädchen bereits die Periode haben. Da der Beginn der Regelblutung durchaus in die Unterrichtszeit fallen kann, sollten die SchülerInnen auf jeden Fall auf das Geschehen vorbereitet sein.

Wenn es die erste Regelblutung ist, sind manche Mädchen völlig unvorbereitet und können verstört reagieren. Diese Gefahr besteht besonders dann, wenn die übrigen MitschülerInnen ebenso unerfahren sind und das betreffende Mädchen zum Sanitätsraum gebracht und der "Zwischenfall" später totgeschwiegen wird.

Was kann man tun?

Zunächst einmal können sich die LehrerInnen der 9-12 jährigen Kinder zusammensetzen,
um sich auch gefühlsmäßig über das Thema klar zu werden und über Behandlungsmöglichkeiten im Unterricht zu diskutieren. Männliche Lehrer sollten dabei nicht ausgeschlossen werden, weil ihre Haltung zu der aufkeimenden Sexualität der Kinder ein kritischer Punkt sein kann. Eine hilflose oder abwertende Bemerkung kann unvorhersehbaren Schaden anrichten.

Es liegt auf der Hand, daß es sinnvoller wäre, die Kinder lange vor dem Eintritt in die Pubertät auf diese Lebensphase vorzubereiten, aber wir müssen realistisch sein: Das Thema wird meist erst in der Orientierungsstufe behandelt. Es betrifft Jungen und Mädchen gleichermaßen. Es ist keineswegs ein Mädchenthema.

Befreundete (Kinder-) ÄrztInnen können mit ihrem Wissen und ihren Erfahrungen den Unterricht unterstützen. Vergessen Sie deshalb nicht, sie in ihren Sexualkundeunterricht mit einzubeziehen.

Eine positive Einstellung zur Menstruation ist sehr wichtig. Dies gilt auch für alle anderen Bereiche des Sexualkundeunterrichts.

In anderen Kulturen finden wir viel gesündere Haltungen gegenüber der Menstruation. Die erste Regel eines Mädchens wird freudig begrüßt und gefeiert, während sie in westlichen Kulturen als lästige Angelegenheit betrachtet wird, über die möglichst nicht geredet werden soll.

Wir wollen zwar keine Menstruations-Parties in der Klasse einführen, denken aber trotzdem, daß in der Grundschule viel dazu getan werden kann, um eine positive Einstellung zur Menstruation zu vermitteln.

Ein erster Schritt in diese Richtung sind schon sachliche Gespräche ohne Peinlichkeit.

Nichts bleibt so, wie es ist

Was ist Menstruation?

Während wir heranwachsen, verändert sich unser Körper ständig. Einige dieser Veränderungen sind äußerlich sichtbar, andere wiederum geschehen im Körper. Versuche, eine Liste der Veränderungen bei den Mädchen zu machen.

A55
© Verlag an der Ruhr,
4330 Mülheim/Ruhr

Äußere Veränderungen	Veränderungen im Körper

150   *Lieben, Lernen, Lachen:*

Wenn ein Mädchen die Pubertät erreicht, wird es von dem Zeitpunkt an "menstruieren" oder "seine Periode" haben. Es ist absolut normal, wenn dies irgendwann zwischen dem 8. und 16. Lebensjahr geschieht.

Aus den Eierstöcken lösen sich Ei-Zellen, eine etwa alle 28 Tage. Das Ei wandert durch den Eileiter bis in die Gebärmutter. Einmal monatlich entwickelt sich in der Gebärmutter eine Schleimhaut für den Fall, daß eine Eizelle von einer Samenzelle befruchtet worden ist und sich zu einem Baby weiterentwickelt.

© Verlag an der Ruhr,
4330 Mülheim/Ruhr

Aber meistens geschieht nichts, und die Gebärmutterschleimhaut wird nicht benötigt, deswegen wird sie durch die Vagina abgestoßen. Diesen Vorgang nennt man: "die Periode haben". Er dauert etwa drei bis sechs Tage. Dies geschieht bei allen Mädchen und Frauen bis sie etwa 50-55 Jahre alt werden, aber auch das ist von Frau zu Frau verschieden.
Der Anteil an Blut ist ziemlich klein, obwohl es manchmal eine Menge zu sein scheint.

Für ein Mädchen gehört es bald zum alltäglichen Leben, mit der monatlichen Periode umzugehen. Sie wird Monatsbinden, Slipeinlagen oder Tampons (kleine Rollen aus gepreßten Baumwollfasern) tragen, die das Blut aufsaugen und die Kleidung schützen.

Apotheken, Drogerien und Supermärkte bieten viele verschiedene Monatsbinden, Slipeinlagen und Tampons an. Am besten besprichst du mit deiner Mutter, deiner Schwester oder einer älteren Freundin, was angeboten wird. Vielleicht kannst du das eine oder andere auch ausprobieren.
Der Gebrauch von Tampons erfordert einige Übung, bevor man sich richtig daran gewöhnt hat.
Zu Beginn kommt die Periode oft unregelmäßig; dies legt sich aber meistens nach einigen Monaten.
Im Laufe der Zeit spüren Mädchen, wann ihre Periode bevorsteht, so daß sie sich darauf einrichten können.
Manchmal fühlen sich Mädchen und Frauen vor Beginn ihrer Periode unwohl und leiden unter krampfartigen Schmerzen. Dies nennt man prämenstruelles Syndrom (PMS). Dies ist nicht ungewöhnlich. Man kann Hilfe und Beratung bekommen.

Wo kannst Du Dir Hilfe und Ratschläge holen?

Wozu waschen?

→ Thema, Ziel
Verständnis für die Notwendigkeit persönlicher Hygiene entwickeln. Verschiedene Gegenstände zur Körperpflege entsprechend ihrer Nützlichkeit bewerten.
Ein Bewußtsein für den Wert der Hygiene im Vergleich zu den dafür notwendigen Ausgaben entwickeln.

Altersstufe
Ab 7 Jahre.

Benötigtes Material
Fotokopien des Arbeitsbogens auf der folgenden Seite, Zeichenmaterial, Papier, verschiedene Stifte.

Zeitrahmen
45 Minuten (mindestens).

Gruppengröße
Einzelarbeit, Partnerarbeit, alle.

Anknüpfungsmöglichkeiten
Was ist Menstruation?
Kims Spiel

So geht es

Verteilen Sie die Arbeitsblätter, und bitten Sie die Kinder, alleine an den Aufgaben zu arbeiten, die sie in der Schule machen können. (Sie müssen die Kinder darauf hinweisen, daß einige Aufgaben nur zu Hause erledigt werden können.)

Diese Aufgabe kann auch gut in Partnerarbeit gelöst werden. Wenn die Aufgabe im Klassenunterricht gelöst wird, können Sie die Überlegungen der Kinder ein wenig steuern und eigene Ideen einbringen.

Wozu waschen?

Was wollen wir durch das Waschen wegbekommen? ...

Was passiert, wenn wir uns nicht waschen? ...

© Verlag an der Ruhr,
4330 Mülheim/Ruhr

Wann müssen wir uns waschen? ...

Welche Teile des Körpers müssen wir besonders sorgfältig waschen? ...

- Mache eine Liste von Dingen, die wir brauchen, um uns sauber zu halten. Ordne sie nach folgenden Gesichtspunkten:

  SEHR WICHTIG   NÜTZLICH   WENIGER WICHTIG

- Zeichne Bilder von den Dingen, die uns bei der Körperpflege helfen.
- Gestalte ein Poster zur Körperpflege.
- Erkunde, wieviel die tägliche Körperpflege kostet. Schreibe alle Gegenstände/Produkte auf, die du zu Hause vorfindest. Finde heraus, wieviel sie kosten. Wie lange kann man die einzelnen Produkte benutzen? Sind sie alle wichtig?

Nichts bleibt so, wie es ist

Kims Spiel

 **Thema, Ziel**

Vertiefung des Themas Hygiene. Produkte kennenlernen, die zur Körperpflege gebraucht werden.

 Altersstufe

Ab 10 Jahre.

Benötigtes Material

Tablett mit verschiedenen Gegenständen (u.a. Büstenhalter, Monatsbinde, Tampon, Seife, Handtuch, Deodorant, Rasierausstattung, Männerslip, Haarwaschmittel), eine Abdeckungsmöglichkeit für das Tablett, große Bögen Papier, Schreibmaterial, Zeichenmaterial.

 Zeitrahmen

30 Minuten und mehr.

 Gruppengröße

Gruppenarbeit (in Fünfer- oder Sechsergruppen).

 Anknüpfungsmöglichkeiten

Was ist Menstruation?
Wozu Waschen?

So geht es

Erklären Sie den Kindern, was ein "Kim-Spiel" ist. Danach decken Sie das Tablett ab. Die Kinder haben dreißig Sekunden Zeit, sich die Gegenstände zu merken. Dann wird das Tablett weggestellt und zugedeckt. Die Kinder werden nun gebeten, die Dinge, an die sie sich erinnern, auf einem großen Bogen Papier festzuhalten.
Das große Blatt Papier ist folgendermaßen unterteilt:

Benutzen Frauen   **Benutzen Männer**   **Benutzen beide**

Die Kinder versuchen in der Gruppe, alle Gegenstände wieder zusammen zu bekommen und zu ordnen. Im Anschluß an diese Aufgabe besprechen die Kinder, wozu die einzelnen Gegenstände gebraucht werden.
Zum Schluß kann noch in Einzel- oder Partnerarbeit ein Poster über Körperpflege entworfen werden.

Es gibt viele Gründe, warum Menschen miteinander Sex machen.
Fallen Ihnen noch mehr Gründe ein, als hier aufgelistet sind?

Vergnügen

Macht

Schmerz

Der Wunsch nach Kindern

Eigene Befriedigung

Andere Menschen beeindrucken

Gruppendruck in der Peer-Group

Gesellschaftliche Zwänge

Neugierde

Kulturelle Normen

Beeinflussung durch die Medien

Ausleben unserer Fantasien

Liebe ausdrücken

Einführung

Der gesamte Bereich des Sexualtriebes und des sexuellen Aktes ist ein äußerst diffiziles Thema für Erwachsene.

In unserer Arbeit bei der LehrerInnenfortbildung ist uns aufgefallen, daß hier eine Menge Fragen aufgeworfen werden, u.a. zu den eigenen Moralvorstellungen; die Frage, welche Verhaltensweisen man selbst tolerieren kann; Verlegenheit und Unsicherheiten im Umgang mit der "richtigen" Sprache.

Es verwundert also nicht, daß Sexualkunde mit Kindern als schwierige Aufgabe empfunden wird. Das stimmt zum Teil auch, wenn wir den unterschiedlichen Erfahrungs- und Entwicklungsstand von Grundschulkindern in Betracht ziehen.

Wir haben Verständnis dafür, daß viele Erwachsene es für anstößig halten, wenn wir nicht nur zu lustvollem Sexualleben - auch innerhalb der Ehe - ermuntern, sondern wenn wir auch gleichermaßen Beziehungen gleichgeschlechtlicher Partner bzw. Partnerinnen anerkennen.

Homosexualität ist jedoch eine Realität, und es ist unsere Aufgabe als LehrerInnen, den Kindern zu helfen, sich in der Wirklichkeit zurechtzufinden.

Wenn wir den uns anvertrauten Kindern Beziehungen wünschen, die ihren jeweiligen Persönlichkeiten entsprechen, ist es folgerichtig, sie damit vertraut zu machen, warum Menschen sich gegenseitig anziehend finden, und damit, daß es viele Ausdrucksmöglichkeiten von Gefühlen gibt.

Bei der Behandlung dieser Themen sollten jedoch auch die rechtlichen Bestimmungen beachtet werden.

(Anmerkung des Übersetzers: Eine zusammenfassende Darstellung zur Rechtslage findet sich in:

Ingbert von Martial: Sexualerziehung in der Schule und Elternrecht. Frankfurt/M,. Bern, New York, Paris: Peter Lang, 1990. Über den jeweils aktuellen Rechtsrahmen können die zuständigen Kultusministerien Auskunft geben).

Für Großbritannien bildet der "Education Act" von 1986 den rechtlichen Rahmen. Dort steht z.B. auch zu lesen, daß der Sexualkundeunterricht den Kindern eine "angemessene Achtung von Moralvorstellungen und dem Wert eines Familienlebens" zu vermitteln habe. Unglückseligerweise haben die Autoren des Gesetzestextes versäumt zu erläutern, was sie mit "Familie" meinen. Für Lehrkräfte in der täglichen Unterrichtsarbeit mag es vielleicht hilfreich sein, in diesem Zusammenhang an die Kleinfamilie - Vater, Mutter und zwei Kinder - zu denken. Artikulieren wir diese Vorstellung jedoch im Dialog mit den Kindern, so werden wir sehr schnell merken, daß sie häufig als unrealistisch oder gar für einige Kinder als Zumutung empfunden wird.

Es mag Gegenden unseres Landes geben, wo viele dieser idealtypischen Familien anzutreffen sind. Mit Sicherheit stellen sie jedoch nicht die landesweite Mehrheit dar. Neuere Statistiken weisen aus, daß immer mehr Familien in diesem Sinne unvollständig sind. Sollten Sie an dieser Feststellung zweifeln, so führen Sie sich einmal kurz den sozialen Hintergrund Ihrer SchülerInnen vor Augen. Wie viele von ihnen leben in der traditionellen Kernfamilie? Ist es völlig abwegig anzunehmen, daß einige Kinder in völlig anderen Lebensumständen aufwachsen?

Kennen Sie Kinder, die eine/n alleinerziehende/n Mutter oder Vater haben; die gemeinsam von Mutter oder Vater und einem Großelternteil erzogen werden? Einige Ihrer SchülerInnen leben mit einem Elternteil, das nach der Scheidung wieder geheiratet hat.

Was hat das mit Liebe zu tun?

Auf diese Weise muß das Kind sich mit einer Stiefmutter oder einem Stiefvater, möglicherweise auch mit Stiefgeschwistern auseinandersetzen. Andere Kinder leben mit einem unverheirateten Elternteil oder auch mit einem Elternteil, der eine Reihe von wechselnden Beziehungen unterhält. In einigen Fällen kann die Familie auch aus dem Kind und einem Elternteil bestehen, das eine langfristige, gleichgeschlechtliche Beziehung eingegangen ist. Vergessen Sie schließlich auch nicht jene Kinder, die in Pflegefamilien groß werden oder die adoptiert wurden. Die Rolle der fürsorglichen Eltern kann auch mit Erfolg von solchen Menschen übernommen werden, die nicht die leiblichen Eltern eines Kindes sind. Es kann daher nicht verwundern, daß eine eindeutige Definition des Begriffes "Familie" nicht nur sehr schwierig, sondern nahezu unmöglich ist. Aus diesem Grunde überrascht es auch nicht, daß viele Lehrkräfte sich im Sexualkundeunterricht auf biologische Fakten und Verhütung beschränken.

In diesem Kapitel bieten wir verschiedene Zugänge zu einem Bereich an, der von vielen als gefährliches Minenfeld angesehen wird. Auch wenn Sie zur Informationsvermittlung bevorzugt Videofilme oder gedrucktes Quellenmaterial einsetzen möchten, sollten Sie den Kindern immer Gelegenheit geben, ihre eigenen Vorstellungen und Ideen zu artikulieren, bevor Sie Ihr didaktisch vorgefertigtes Material präsentieren. Auf welche Weise dies geschehen kann, erfahren Sie in diesem Kapitel.

Da die Annahmen der Lehrkräfte über das Vorwissen ihrer SchülerInnen häufig zu ungenau und lückenhaft sind, halten wir es für wichtig, sich immer wieder die Diskrepanz zwischen den dargebotenen und von den Kindern aufgenommenen Unterrichtsinhalten zu verdeutlichen. Ermutigen Sie Ihre Kinder deshalb, ihren eigenen Stoffverteilungsplan aufzustellen.

Auf diese Weise wird das Vorwissen der SchülerInnen deutlich. Gerade die Bereiche, die von den Kindern nicht angesprochen werden, geben uns Hinweise für eine mögliche Schwerpunktsetzung unserer Unterrichtsarbeit. Einige Lehrkräfte mögen der Auffassung sein, daß Homosexualität als Thema nicht in die Grundschule gehört, vielleicht vor dem Hintergrund, daß dies außerhalb des Erfahrungsbereiches der Kinder liegt.

Einer solchen Sichtweise treten wir entschieden entgegen, nicht nur vor dem Hintergrund unserer bereits dargelegten Auffassung von Familienleben, sondern auch aus anderen Gründen.

Häufig genug finden sich in Blättern der Boulevard- und Regenbogenpresse bissige bis ätzende Aussagen über gleichgeschlechtliche Beziehungen von Persönlichkeiten. Auch wenn Sie nicht zum Lesekreis dieser Art von Presse gehören, müssen Sie doch zur Kenntnis nehmen, daß einige Ihrer SchülerInnen solche Artikel zu Hause zu Gesicht bekommen. Und Kinder, wie auch Erwachsene, sind gegenüber dieser Art heimtückischer Berichterstattung nicht immun.

Das können Sie auch während der Pausenaufsicht den Gesprächen der Kinder untereinander entnehmen. Wörter wie "Schwuler", "Tunte" und "Lesbe" werden häufig als abwertende Schimpfwörter benutzt, wobei den Kindern in den meisten Fällen nicht bewußt ist, daß sie dies aus Unkenntnis, Angst oder Vorurteil tun. Wir sind sehr wohl der Auffassung, daß gerade LehrerInnen sich gegen Vorurteile und Diskriminierung wenden müssen, sobald sie im schulischen Bereich sichtbar werden. Dies ist besonders dann wichtig, wenn die Kinder durch den Unterricht ermutigt werden, ihre Gefühle zu entdecken, individuelle Unterschiede zu akzeptieren und sich gegenseitig zu helfen. Wir sind zwischenzeitlich besonders sensibilisiert für offene oder verdeckte Formen von Rassismus, Sexismus oder Abwertung von Körperbehinderten. Haß und Intoleranz können nur so lange gedeihen, wie sie unhinterfragt und ohne entschiedenen Widerstand bleiben. Vor allem anderen müssen wir LehrerInnen einen der wichtigsten Aspekte unseres Berufes wiederentdecken:

Kindern helfen, sich selbst anzunehmen und ein gesundes Selbstbewußtsein zu entwickeln.

Ideen-Kiste

 **Thema, Ziel**
Kinder befähigen, in einer angstfreien Atmosphäre Fragen zu stellen.

 Altersstufe
Alle.

Benötigtes Material
Pappkarton als "Briefkasten", Bogen, Papier, Bleistifte.

 Zeitrahmen
Je nach Bedarf.

Gruppengröße
Einzelarbeit.

 Anknüpfungsmöglichkeiten
Fragen aus dem Hut

So geht es

Teilen Sie den Kindern mit, daß für einige Wochen ein Frage- und Ideen-Kasten im Klassenraum aufgestellt wird, der als Briefkasten für Fragen und Ideen zum Thema Sexualität dient.
Auf diese Weise haben die Kinder Gelegenheit, ihre Gedanken und Fragen anonym zu formulieren.
Behandelt werden können die Punkte zu einem geeigneten Zeitpunkt während der Woche.

Was hat das mit Liebe zu tun?

Fragen aus dem Hut

 **Thema, Ziel**

Kindern die Möglichkeit geben, in einer angstfreien Atmosphäre "schwierige" Fragen zu stellen.
Die Kinder sollen ihre eigene Unterrichtsplanung für den Sexualkundeunterricht machen.

 Altersstufe

Alle, die fließend lesen können.

Benötigtes Material

Unliniertes Papier, Bleistifte, ein Hut.

 Zeitrahmen

20 Minuten (wenn die Fragen in derselben Unterrichtssequenz behandelt werden sollen, ist deutlich mehr Zeit nötig).

 Gruppengröße

Alle.

 Anknüpfungsmöglichkeiten

Ideen-Kiste

So geht es

Die Kinder sitzen im Kreis. Jedes Kind erhält ein Blatt Papier sowie einen Stift und wird gebeten, seine Fragen zur Sexualität aufzuschreiben.
Die Zettel werden zusammengefaltet und in einem Hut gesammelt.
Sie beantworten die Fragen und lassen sich dabei von den Kindern unterstützen. Sie können aber auch die vorgelesenen Fragen einsammeln und für die Vorbereitung einer zukünftigen Unterrichtsstunde auswerten.

Variation

Diese Methode der Fragestellung ermöglicht es den Kindern, Ideen ohne Scham auszudrücken, und kann deshalb auch bei anderer Gelegenheit eingesetzt werden.

Wir sehen ein Video

Wir werden einen Film sehen. Der Film behandelt ... .
Besprecht in Partnerarbeit, was euch im Moment zu dem Thema einfällt. Erstellt gemeinsam eine Liste der Punkte, über die ihr bereits etwas wißt. Dann notiert, worüber ihr nicht genau Bescheid wißt, und schließlich die Dinge, über die ihr mehr erfahren möchtet.

A60

© Verlag an der Ruhr,
4330 Mülheim/Ruhr

Weiß ich schon	**Weiß ich nicht genau**	**Darüber möchte ich mehr wissen**

Du hast den Film gesehen. Kreuze alle die Punkte auf deiner Liste an, die der Film behandelt hat.

Hat der Film alles behandelt, worüber du dir nicht sicher warst oder worüber du mehr wissen wolltest?

Hat der Film Fragen aufgeworfen, die nicht auf deiner Liste stehen?

Was hat das mit Liebe zu tun?   161

Was uns anzieht

 **Thema, Ziel**
Herausfinden, in welchen Formen die Kinder ihre Zuneigung ausdrücken. Informationen über die Bewertungsmaßstäbe der Kinder.

 **Zeitrahmen**
30 Minuten.

 Altersstufe
Ab 10 Jahre.

Gruppengröße
Alle.

 Benötigtes Material
Fotokopien der Wortliste auf der folgenden Seite, Farbstifte oder Filzstifte.

Anknüpfungsmöglichkeiten
Gesammelte Gefühle
Gefühle wahrnehmen

So geht es

Die Kinder erhalten eine Kopie der Liste mit den Wörtern.
Bitten Sie die Kinder, ausgehend von den Wörtern darüber nachzudenken, wie Menschen einander zeigen, daß sie sich sehr mögen. Anschließend sollen die Kinder die Wörter nach ihrer Bedeutung in drei Gruppen einteilen:

Zeigen starke Zuneigung
Zeigen ein bißchen Zuneigung
Zeigen keine Zuneigung

Die Wörter werden je nach Gruppe mit verschiedenen Farben eingekreist, deren Bedeutung in einer Anmerkung geklärt werden muß.
Anschließend werden die Arbeitsergebnisse in Partnerarbeit miteinander verglichen: Haben alle die gleichen Ergebnisse, wo gibt es Unterschiede?
Die Arbeitsbögen können auch gegen Ende der Stunden eingesammelt werden. So erhalten Sie Informationen über die Bewertungsmaßstäbe der Kinder und haben so Grundlagen für spätere Diskussionen.

Was uns anzieht

küssen	streicheln	kitzeln	trösten
beißen	kuscheln	augen-zwinkern	ablecken
singen	anstarren	essen	Kußhändchen zuwerfen
reden	winken	lächeln	umarmen

Was hat das mit Liebe zu tun?

Gefühle wahrnehmen

 **Thema, Ziel**

Ausdrucksmöglichkeiten für Gefühle kennen- und verstehen lernen.
Erfahren, daß sich Ausdrucksformen von Kindern und Erwachsenen manchmal unterscheiden.
Daran denken, daß Menschen manchmal etwas tun, dabei aber etwas ganz anderes meinen.

 Altersstufe

Ab 8 Jahre.

Benötigtes Material

Fotokopien der Arbeitsbogen A und B (auf den folgenden Seiten), Schreibmaterial.

 Zeitrahmen

30 Minuten.

Gruppengröße

Alle oder Gruppen.

 Anknüpfungsmöglichkeiten

Gesammelte Gefühle
Was uns anzieht

164　　　　　　　　　　　　　　　　　　　　　　　Lieben, Lernen, Lachen:

So geht es

In einer Gesprächsphase wird geklärt, auf welche Weise wir unsere Gefühle füreinander zum Ausdruck bringen. Wenn uns z.B. jemand heftig schlägt, können wir wohl daraus schließen, daß uns diese Person nicht mag.

Die Arbeitsbögen A und B werden ausgegeben. Die eine Hälfte der Kinder (A) macht sich Gedanken darüber, wie andere Menschen sich ihnen gegenüber verhalten, wenn die Menschen sie mögen bzw. nicht mögen.
Die andere Hälfte der Kinder (B) konzentriert sich auf einen Erwachsenen, den die Kinder kennen, und überlegen sich, über welche Verhaltensweisen andere Menschen ihre Zu- bzw. Abneigung gegenüber diesem Erwachsenen zum Ausdruck bringen.

Diese Aufgabe kann in Einzel-, Partner- oder Gruppenarbeit gelöst werden. Wenn die Aufgabe in Einzelarbeit gelöst wird, sollte das Arbeitsergebnis mit zwei oder drei anderen Kindern besprochen werden. Anschließend sollten die Gruppen, die sich mit dem Arbeitsbogen A beschäftigt haben, ihre Ergebnisse mit den Gruppen, die den Arbeitsbogen B bearbeitet haben, austauschen.

Impulsfragen für das abschließende Klassengespräch können sein:

> "Wenn Menschen dir zeigen, daß sie dich mögen, geschieht dies dann auf eine andere Art als gegenüber einem Erwachsenen?"
>
> "Woran liegt das?"
>
> "Zeigen wir unsere Gefühle immer auf die gleiche Weise?"
>
> "Gibt es Verhaltensweisen, die gut gemeint sind, aber dir überhaupt nicht gefallen?"

Sie könnten dazu ein Beispiel geben:

"Als ich ein Kind war, tätschelte meine Tante immer meinen Kopf. Ich haßte das."

"Hast du schon einmal erlebt, daß sich jemand dir gegenüber in einer bestimmten Weise verhalten hat, aber eigentlich genau das Gegenteil davon meinte?"

Was hat das mit Liebe zu tun?

Gefühle wahrnehmen (A)

Daß Menschen mich mögen, zeigen sie mir dadurch, daß ...

Daß Menschen mich nicht so mögen, zeigen sie mir dadurch, daß ...

Gefühle wahrnehmen (B)

Denke an einen Erwachsenen, den du kennst. Wie zeigen andere Menschen, daß sie diesen Erwachsenen gerne haben?

A62

© Verlag an der Ruhr,
4330 Mülheim/Ruhr

Wie zeigen andere Menschen, daß sie diesen Erwachsenen nicht leiden können?

Was hat das mit Liebe zu tun?

167

Was wir wissen

 Thema, Ziel
Modellarbeitsblatt, das Sie Ihren Kindern geben können.
Kinder können ihr Wissen über die verschiedenen Bereiche der Sexualität überprüfen.

 Altersstufe
8-10 Jahre.

Benötigtes Material
Fotokopien des Arbeitsbogens auf der folgenden Seite, in zwei Teile zerschnitten, Papier, Schreibgerät.

 Zeitrahmen
30 Minuten.

 Gruppengröße
Partnerarbeit oder Dreiergruppen.

 Anknüpfungsmöglichkeiten
Körpersprache
Wir benennen Körperteile
Wir organisieren uns
Weiblich oder männlich
Wir wissen gut Bescheid

So geht es

Die Kinder werden gebeten, die zusammengehörenden Begriffe in Gruppen zu ordnen.
Die Kinder sollten ihre Arbeitsergebnisse anschließend auf einem Blatt Papier festhalten, damit etwaige Mißverständnisse ausgeräumt werden können.
Die Kinder ergänzen die auf der folgenden Seite aufgeführten Satzanfänge.

Lieben, Lernen, Lachen:

Was wir wissen

Gebärmutter	Penis (Glied)	Hoden
weiblich	Wo ist das Sperma gespeichert	Wo wachsen die Babys heran
männlich	neun Monate	Eizelle
Ei	Wo verläßt das Sperma den Körper	Nabel
Nabelschnur	Vagina (Scheide)	Hodensack
Periode (Regel)	Ungefähr alle 28 Tage	Wo sind die Eier gespeichert
Eierstöcke	Schwangerschaft	

A63

© Verlag an der Ruhr,
4330 Mülheim/Ruhr

Schreibe die folgenden Satzanfänge einen nach dem anderen ab, und ergänze sie mit allem, was dir einfällt. Die Worte auf dieser Seite helfen dir.

Ich weiß, daß Frauen …

Ich weiß, daß Männer …

Eine Frau hat ihre Periode etwa …

Babys wachsen …

Vielleicht fallen dir selbst noch weitere Sätze ein. Versuche die Wörter auf dieser Seite zu benutzen

Was hat das mit Liebe zu tun?

Rund um die Wahrheit

➡ Thema, Ziel
Modellarbeitsblatt für den Unterricht. Sich einen Überblick über das Verständnis der Kinder in bezug auf Geschlechtsverkehr verschaffen.

👥 Altersstufe
Ab 10 Jahre.

✂ Benötigtes Material
Fotokopien des Arbeitsbogens auf der folgenden Seite.

Zeitrahmen
20 Minuten.

⚪ Gruppengröße
Zunächst Einzelarbeit, dann Partnerarbeit.

🔄 Anknüpfungsmöglichkeiten
Alles, was mit dem Sexualleben zu tun hat.

So geht es

Nach einigen einführenden Informationen über den Geschlechtsverkehr erhalten die Kinder den Arbeitsbogen.
Probleme, die während der Arbeit aufgeworfen worden sind, können in die Ideen-Kiste gelegt oder für das Spiel "Fragen aus dem Hut" genutzt werden.

Lieben, Lernen, Lachen:

Rund um die Wahrheit

Penetration (Einführen des Penis bei einem anderen Menschen) ist eine Möglichkeit des Sexuallebens.

Streiche alle unten aufgeführten Aussagen an, die deiner Meinung nach zutreffen.
Vergleiche deine Antworten mit einem/einer PartnerIn.

1 Für die Penetration muß der Penis eines Mannes hart sein.

2 Für die Penetration muß der Mann auf dem anderen Menschen liegen.

3 Bei der Penetration muß ein Kondom getragen werden.

4 Menschen haben nur Sex miteinander, wenn sie sich lieben.

5 Menschen haben Geschlechtsverkehr, um ein Baby zu bekommen.

6 Ab einem bestimmten Punkt des sexuellen Miteinanders werden Körperflüssigkeiten produziert.

7 Aus dem Penis können nicht Samen und Urin zur gleichen Zeit fließen.

8 Der Mann hat seinen Höhepunkt (Orgasmus), wenn die Samenflüssigkeit ausgestoßen wird.

9 Während des Geschlechtsverkehrs sind Menschen laut.

Was hat das mit Liebe zu tun?

171

Was ist Masturbation?

 **Thema, Ziel**

Modellarbeitsblatt, das Sie benutzen, verändern oder als Ausgangsmaterial für die Bedürfnisse ihrer Kinder nehmen können.
Informationen über Masturbation (Selbstbefriedigung) anbieten.
Impulse formulieren, damit die Kinder ihr Wissen zusammentragen.

 Altersstufe

Ab 10 Jahre.

Benötigtes Material

Fotokopien der Arbeitsblätter auf den folgenden Seiten.

 Zeitrahmen

30 Minuten.

 Gruppengröße

Einzelarbeit oder Kleingruppenarbeit.

 Anknüpfungsmöglichkeiten

Dieser Arbeitsbogen hat Modellcharakter. Er kann für jedes Thema eingesetzt werden, bei dem es um Informationsvermittlung und Wissensüberprüfung geht.
In diesem Fall bieten sich Anknüpfungsmöglichkeiten mit allen Fragen zum Geschlechtsverkehr.
Die beiden Methoden "Ideen-Kiste" und "Fragen aus dem Hut" schaffen für die Kinder nicht angstbesetzte Wege, um ihre Ängste, Befürchtungen, Sorgen und Fragen loszuwerden.

So geht es

Der Arbeitsbogen kann während der Einführungsphase in ein bestimmtes Sachgebiet genutzt werden.
Die Antworten der Kinder geben Ihnen Aufschluß darüber, welche konkreten Lernerfahrungen noch nötig sind.
Alternativ kann der Arbeitsbogen auch später eingesetzt werden, um zu überprüfen, was von bestimmten Informationen bei den Kindern angekommen ist.

Was ist Masturbation?

Unser Körper wächst und verändert sich, genauso wachsen auch sexuelle Gefühle, die wir zu anderen und zu uns selbst entwickeln.
Es kann erregend sein, bestimmte Stellen unseres Körpers zu berühren. Dazu gehört z.B. der Genitalbereich. Bei den Jungen sind es Penis und Hoden, bei den Mädchen der Bereich um die Scheidenöffnung und speziell die Klitoris.
Einige Menschen empfinden Lust, wenn sie diese Stellen des Körpers auf bestimmte Weise reiben. Wenn sie dies eine Weile tun, können sie einen Moment erreichen, wo sie plötzlich ein schönes Gefühl haben. Der Körper produziert dann Flüssigkeiten. Bei einem Mann handelt es sich um Samen, der aus der Öffnung des Penis ausgestoßen wird. Bei der Frau wird die Scheide feucht.

A65

© Verlag an der Ruhr,
4330 Mülheim/Ruhr

Lies zunächst die unten angeführten Fragen durch und dann die Antworten auf dem zweiten Arbeitsbogen.
Suche die Antworten zu den Fragen und schreibe den entsprechenden Buchstaben hin.

1 Soviel ich weiß, habe ich noch nie masturbiert. Ist das in Ordnung?

2 Schadet Masturbieren?

3 Masturbieren alle Menschen?

4 Warum habe ich noch keinen Menschen gesehen, der masturbiert?

5 Masturbieren Erwachsene?

1. _____ 5. _____

2. _____ 6. _____

3. _____ 7. _____

4. _____

Falls du noch mehr Fragen hast, schreibe sie auf und stecke sie in die Ideen-Kiste.

Was hat das mit Liebe zu tun?

Was ist Masturbation?

- Antworten -

A Nein. Früher dachte man, Masturbation wäre schädlich für den Menschen. Das ist nicht wahr.

B Diese Frage ist nicht zu beantworten, da Menschen darüber nicht oft sprechen.

C Ja. Es ist völlig normal, daß man selbst entscheidet, ob man masturbiert oder nicht.

D Die meisten Menschen ziehen sich in ihre Privatsphäre zurück, wenn sie sich selbst befriedigen wollen. Das ist wichtig, weil sie damit zeigen, daß sie auch die Privatsphäre anderer Menschen achten. Es ist verboten in der Öffentlichkeit zu masturbieren.

E Ja. Masturbieren kann man immer, in jedem Alter.

Geburtstage

Thema, Ziel
Babys von Tieren können innerhalb oder außerhalb des Körpers der Mutter heranwachsen.

Zeitrahmen
30 Minuten.

Altersstufe
Ab 6 Jahre.

Gruppengröße
Einzelarbeit.

Benötigtes Material
Fotokopien des Arbeitsblattes auf der folgenden Seite, Bleistifte, Zeichenmaterial, Nachschlagewerke.

Anknüpfungsmöglichkeiten
Such' die Mutter
Die Phasen der Schwangerschaft
Wir wissen gut Bescheid

So geht es

Das Arbeitsblatt eignet sich gut dafür, das Vorwissen der Kinder über die Geburt von Lebewesen zu sichern.
Für die Aufgaben im unteren Teil des Arbeitsblattes sollten Nachschlagewerke/Sachbücher zur Verfügung stehen.

Was hat das mit Liebe zu tun?

Geburtstage

Die Jungen der verschiedenen Tiere werden auf unterschiedliche Weise geboren. Einige von ihnen schlüpfen aus Eiern, die das Muttertier gelegt hat. Das Junge kann sich in dem Ei entwickeln, weil es dort einen Nahrungsvorrat gibt. Das Junge ist solange geschützt, bis es schlüpfen kann.

Bei anderen Tieren entwickeln sich die Jungen aus einem Ei im Körper der Mutter. Das war auch bei dir so.
Unten findest du Abbildungen von Tieren. Zeichne einen Kreis um alle Tiere, bei denen die Eier im Körper bleiben.
Zeichne ein Quadrat um alle die Tiere, die Eier legen.

Zeichne die Jungen der hier abgebildeten Tiere.
Wie groß sind die Eier? Kannst du das herausfinden?

Ziehe einen langen Strich und ordne darauf die Eier, das kleinste am einen Ende, das größte am anderen Ende.
Beschrifte die Eier. Notiere, zu welchem Tier es gehört.
Wie lange brauchen die Babys bis sie geboren werden?

Lieben, Lernen, Lachen:

Such' die Mutter

⇒ Thema, Ziel
Wie werden Lebewesen geboren?
(Vertiefung)
Die Namen für Tiere und ihre Jungen kennen.
Mit Nachschlagewerken umgehen.

Altersstufe
Alle Altersstufen.

Benötigtes Material
Arbeitsblatt siehe übernächste Seite.

Zeitrahmen
Je nach Bedarf.

Gruppengröße
Alle oder in Kleingruppen.

Anknüpfungsmöglichkeiten
Geburtstage
Die Phasen der Schwangerschaft
Wir wissen gut Bescheid

So geht es

Die Kinder erhalten die Abbildungen und finden sich zu Arbeitsgruppen zusammen (vgl. Vorschläge in Kapitel 3).
Die Kinder werden gebeten, die Namen der Tiere aufzuschreiben, die sie vor sich sehen. (Mit jüngeren Kindern können Sie dies auch gemeinsam besprechen).
Die Kinder suchen die Namen der Jungtiere, z.B.: Pferd - Fohlen.
Wenn die Kinder mögen, können sie Muttertier und Junges in der gleichen Farbe anmalen.
Ausgehend von der Liste gruppieren die Kinder die Tiere nach der Art und Weise, wie sie heranwachsen, z.B. aus einem Ei im Körper der Mutter.
Ältere Kinder können die Trächtigkeitsdauer der einzelnen Tiere erforschen und ein Schaubild für den Klassenraum gestalten.

Was hat das mit Liebe zu tun?

Variationen
Sie besorgen Blankospielkarten.
Die Kinder zeichnen auf jede Karte ein Tier und sein Junges. Sie schreiben zu jeder Abbildung eine entsprechende Wortkarte. Eine weitere Karte könnte Angaben zur Tragezeit enthalten. Noch eine Karte könnte die Bezeichnung "Im Körper" oder "Außerhalb des Körpers" in bezug auf die Art und Weise der Geburt enthalten. Die Karten können für verschiedene Lernspiele genutzt werden, z.B. für ein Quartett oder ein Memory.

Wahrscheinlich fällt den Kindern zu diesem Thema noch viel mehr ein, was man tun könnte.

Lieben, Lernen, Lachen:

Such' die Mutter

Was hat das mit Liebe zu tun?

Die Wochen im Bauch

→ **Thema, Ziel**
Die verschiedenen Phasen der Schwangerschaft.
Die Abfolge der verschiedenen Phasen verstehen.

 Altersstufe
Jedes Alter.

Benötigtes Material
Fotokopien der folgenden Seite, pro Gruppe auseinandergeschnitten.

 Zeitrahmen
Unterschiedlich nach Altersstufen.

 Gruppengröße
Kleingruppenarbeit oder Arbeit mit allen.

 Anknüpfungsmöglichkeiten
Geburtstage
Such' die Mutter
Wir wissen gut Bescheid

So geht es

Jüngere Kinder bringen in Dreier- oder Vierergruppen die Bilder in die richtige Reihenfolge.
Von Ihnen erhalten sie dann die Informationen, die als Bildtext unter den Zeichnungen stehen.
Ältere Kinder sind in der Regel in der Lage, Abbildungen und Texte einander zuzuordnen und in die richtige Reihenfolge zu bringen.
Die Aufgabe kann als Einstieg in das Thema "Schwangerschaft" dienen und ermöglicht Ihnen, die weitere Arbeit auf den Vorstellungen und Fragen der Kinder aufzubauen.
Das Arbeitsblatt kann aber auch der Festigung der Fakten dienen, die die Kinder von Ihnen oder über ein Video bekommen haben. (Vgl. Materialliste in Kapitel 7.)

Lieben, Lernen, Lachen:

Die Wochen im Bauch

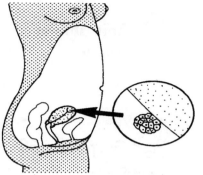

3 Wochen
Das befruchtete Ei kann man nur mit Hilfe eines Mikroskops erkennen, so klein ist es noch. Aber die Eizellen vermehren sich sehr schnell.

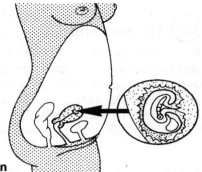

6 Wochen
Das befruchtete Ei hat sich inzwischen zu einem Embryo entwickelt, der wie eine Kaulquappe aussieht.

8 Wochen
Der Embryo hat Arme und Beine mit voll ausgebildeten Fingern und Zehen entwikkelt. Er wird jetzt Fötus genannt.

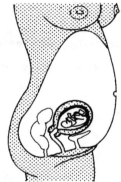

12 Wochen
Der Fötus ist ca. 7-8 cm lang. Er kann bereits mit den Beinen strampeln, die Finger zu Fäusten schließen, den Kopf wenden und den Mund schließen. Der größte Teil der inneren Organe ist bereits funktionsfähig.

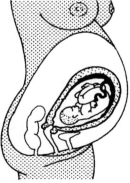

24 Wochen
Das Baby ist inzwischen so groß, daß man der Mutter die Schwangerschaft ansieht. Mit Hilfe eines Stethoskops kann man die Herztöne hören. Die Mutter kann die Bewegungen des Kindes spüren.

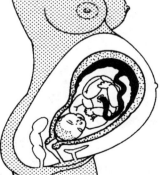

30 Wochen
Das Baby steht kurz vor der Geburt. Die Gebärmuttermuskeln im Leib der Mutter drücken das Baby durch die Vagina nach draußen. Die meisten Babys werden mit dem Kopf zuerst geboren.

Was hat das mit Liebe zu tun?

Wir wissen gut Bescheid

 **Thema, Ziel**
Mustervorlage für ein Arbeitsblatt, das entsprechend der Situation der betreffenden Lerngruppe modifiziert werden kann.
Was die Kinder verstanden haben.
Ein Beispiel für ein Arbeitsblatt, das die Kinder auch für andere entwerfen können.

 Altersstufe
10-12 Jahre.

 Benötigtes Material
Fotokopien des Arbeitsblattes, Schreibutensilien.

 Zeitrahmen
10-15 Minuten.

 Gruppengröße
Einzelarbeit.

 Anknüpfungsmöglichkeiten
Was wir wissen
Geburtstage
Such' die Mutter
Die Wochen im Bauch

So geht es

Jedes Kind erhält ein Arbeitsblatt. Die Kinder werden angeregt, sich selbst einen geeigneten Arbeitsbogen auszudenken.
Ermutigen Sie die Kinder, ihre eigenen Lückentexte zu schreiben.

182   Lieben, Lernen, Lachen:

Wir wissen gut Bescheid

Setze in die Lücken die passenden Wörter aus dem Kasten ein.

Ein Baby beginnt als winziges Ei. Die Eier sind im Körper der Mutter. Den Ort,

an dem die Eier wachsen werden, nennt man _____ .

Jede Frau hat zwei _____ .

Ungefähr alle ____ Tage löst sich aus dem Eierstock ein ____ , das durch die

_____ zu dem Ort wandert, an dem es sich zu einem Baby entwickeln kann.

Dieser Ort wird _____ genannt.

Das Ei kann sich nicht zu einem Baby entwickeln, solange es nicht von _____ ,

das aus dem _____ des Mannes kommt, _____ worden ist.

Die Samenflüssigkeit wird in den _____ des Mannes gebildet, die hinter

dem Penis herunterhängen.

Eierstöcke	**Ei**	**Gebärmutter**
befruchtet		**28**
Eileiter	**Sperma**	**Penis**
Hoden	**Eierstock**	

Ordne die Wörter:

1. das hat ein Mann
2. das hat eine Frau
3. das haben beide

Was hat das mit Liebe zu tun?

Schwangerschaftsverhütung

Vielleicht tauchte dieses Thema schon bei Ihrem Brainstorming zu der Frage auf, warum Menschen Sex miteinander haben. (Vgl. Einleitung zum Kapitel "Was hat das alles mit Liebe zu tun".)
Viele Menschen haben Geschlechtsverkehr aus anderen Gründen, als ein Kind zu zeugen.
Man kann verhindern, schwanger zu werden.
Eine Liste der heute üblichen Möglichkeiten der Verhütung finden Sie auf den Seiten 185-188.
Es ist zu bedenken, daß dieser Bereich in großem Maße mit Wertvorstellungen beladen und abhängig ist von der kulturellen/religiösen Gewichtung des Themas.
"Wenn Menschen Sex miteinander haben und das zu einer Schwangerschaft führen kann, warum haben sie dann nicht ganz viele Kinder?"
Wir schlagen vor, das Thema 'Verhütung' von einem Beispiel aus in Angriff zu nehmen, das dem Erfahrungsbereich der Kinder entstammt. Wir benutzen dazu in einer thematischen Analogie die Vorstellung von 'Sperren' und 'Barrieren'. (Vgl. S. 189)

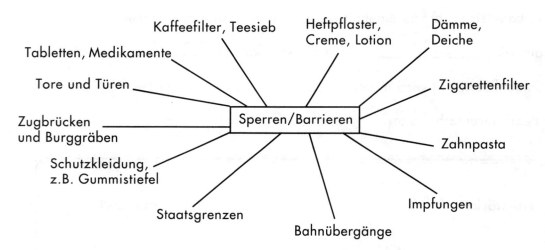

Abtreibung und Fehlgeburt

Eine Abtreibung sollte nicht als eine Möglichkeit der Schwangerschaftsverhütung betrachtet werden, obwohl sie eine unerwünschte Schwangerschaft beendet. Im Fall einer Abtreibung werden Gebärmutterschleimhaut und Inhalt der Gebärmutter entfernt. Dies geschieht entweder durch die sanfte Absaugmethode oder durch eine Ausschabung mit Hilfe chirurgischer Instrumente.
Wenn eine Schwangerschaft bereits weiter fortgeschritten ist, können Wehen eingeleitet werden, die bewirken, daß der noch nicht lebensfähige Fötus den Körper verläßt.
Von einer Fehlgeburt spricht man dann, wenn der Fötus aus irgendeinem Grund von der Gebärmutter abgestoßen und in der Folge durch die Scheide ausgestoßen wird.
Sie sollten sich bewußt machen, daß Abtreibung und Fehlgeburt für die betroffenen Person sowie ihre Umgebung schwerste traumatische Erlebnisse und psychische Belastungen bedeuten können.
Es könnte Kinder geben, die solch eine Situation (mit)erlebt haben.

Möglichkeiten der Geburtenkontrolle

- Vasektomie

Eine kleine Operation beim Mann. Dabei werden die Samenleiter durchgetrennt und abgebunden.

Argumente dafür

Keine negativen Auswirkungen auf das Sexualleben. Erspart Paaren andere Formen der Verhütung.

Argumente dagegen

Der Eingriff kann in der Regel nicht rückgängig gemacht werden. Der Mann sollte ihn daher nur dann vornehmen lassen, wenn er absolut sicher ist, daß er keine weiteren Kinder möchte.

- Sterilisation

Ein kleiner operativer Eingriff bei der Frau, bei der die Eileiter unterbunden oder verschmolzen werden, damit kein Ei mehr den Weg in die Gebärmutter findet.

Argumente dafür

Es handelt sich bei der Sterilisation um eine relativ einfache, allerdings nicht völlig risikofreie Operation. Sie erspart der Frau die Notwendigkeit, zusätzliche Verhütungsmaßnahmen zu treffen.

Argumente dagegen

Der Eingriff ist nicht ganz so einfach wie die Vasektomie.
Er ist in der Regel nicht rückgängig zu machen, sollte aus diesem Grunde nicht durchgeführt werden, bevor eine Frau nicht alle Kinder geboren hat, die sie sich vielleicht wünscht.

- Anti-Baby-Pille

Ein chemisches Präparat in Form einer Pille, die täglich eingenommen werden muß. Sie hindert den Körper der Frau daran, jeden Monat ein neues Ei freizusetzen, so daß keine Schwangerschaft entstehen kann.

Argumente dafür

Sehr wirksame Verhütungsmethode.

Was hat das mit Liebe zu tun?

Argumente dagegen

Einige Frauen leiden unter Nebenwirkungen und vertragen die Pille nicht.

- Diaphragma

Eine kuppelförmige dünne Gummikappe mit einem steifen Rand, die die Frau vor dem Sexualverkehr über den Muttermund stülpt. Ein Diaphragma hindert die Samenfäden des Mannes daran, in die Gebärmutter einzudringen. Es sollte zusammen mit einer samenabtötenden Creme oder einem entsprechenden Schaum(zäpfchen) angewendet werden.

Argumente dafür

Das Diaphragma kann immer wieder verwendet werden. Es ist u. U. sogar in der Lage, die Frau vor Gebärmutterhalskrebs zu schützen.

Argumente dagegen

Das erste Mal muß es von einem Arzt sehr genau eingepaßt werden.

- Intra-Uterin-Pessar (Spirale)

Es handelt sich dabei um eine kleine Vorrichtung (2,5-4 cm lang) aus Kunststoff und Kupfer, die von einem Arzt in die Gebärmutter der Frau eingepaßt wird. Sie hindert ein befruchtetes Ei daran, sich in der Gebärmutterschleimhaut einzunisten.

Argumente dafür

Das Pessar kann einige Jahre in der Gebärmutter verbleiben.

Argumente dagegen

Besonders für junge Frauen nicht ideal. Sie kann bei einigen Frauen starke Monatsblutungen, Schmerzen oder Krämpfe hervorrufen.

- Kondom

Wird auch 'Präservativ' oder einfach 'Pariser' genannt. Ein nur an einem Ende offener Schlauch aus sehr dünnem Gummi, der über den erigierten Penis gerollt wird. Am geschlossenen vorderen Ende ist eine kleine Tülle angeformt, in der das ausgestoßene Sperma Platz findet.

Argumente dafür

Leicht zu erhalten (Drogerien, Apotheken, Familienberatungsstellen, Automaten) und einfach anzuwenden. Schützt vor der Übertragung von Ge-

Lieben, Lernen, Lachen:

schlechtskrankheiten (einschließlich AIDS-Infektionen) und kann Gebärmutterhalskrebs bei der Frau vorbeugen.

Argumente dagegen

Es muß auf jeden Fall vor dem Geschlechtsakt angelegt werden. Auch
das Abnehmen des Kondoms muß mit Sorgfalt erfolgen. Das Kondom ver-
trägt keine grobe Behandlung, es kann reißen und bietet dann keinerlei
Schutz mehr.

- Natürliche Verhütung

Hierbei müssen die Paare herausfinden, wann die fruchtbaren Tage der Frau sind, um
an diesen Tagen auf den Geschlechtsverkehr zu verzichten.

Argumente dafür

Die Methode erfordert Kooperation beider Partner.

Argumente dagegen

Die Methode ist ziemlich unzuverlässig, besonders dann, wenn der Zyklus
der Frau nicht regelmäßig ist. Nicht geeignet für Leute mit wechselnden
Beziehungen.

- Spermicide - Samenabtötende Mittel

Es handelt sich dabei um chemische Substanzen (die üblicherweise in Form von Creme,
Schaum, Gelee oder als Diaphragma angeboten werden).
Sie töten die Samen ab, sobald diese in die Vagina (Scheide) gelangt sind. Ohne die
Zuhilfenahme weiterer Verhütungsmethode ist diese Methode nicht besonders zuverläs-
sig.
Sie wird häufig zusammen mit Kondom oder Diaphragma o.ä. angewendet.

- Zölibat - Verzicht auf Geschlechtsverkehr

Manche Menschen entscheiden sich zeitweilig oder ein Leben lang für einen Verzicht auf
sexuelle Beziehungen mit anderen Menschen.

- Zurückziehen des Penis ('Coitus interruptus')

Bei dieser Methode zieht der Mann seinen erigierten Penis aus der Scheide der Frau zurück, kurz bevor er zum Höhepunkt gelangt und seinen Samen ausstößt.

Was hat das mit Liebe zu tun?

Keine Methode der Empfängnisverhütung, da noch vor dem sexuellen Höhepunkt Samen aus dem Penis austreten und in die Scheide der Frau gelangen kann.

- Die Pille für den Morgen danach

Empfängnisverhütende Pille, die bis zu 72 Stunden nach einem ungeschützten Geschlechtsverkehr genommen werden kann, um eine Einnistung des befruchteten Eis in die Gebärmutter zu verhindern. Die Pille ist nur unter Schwierigkeiten zu erhalten.

Argumente dafür
Im Notfall hilfreich, um eine Schwangerschaft zu verhindern.

Argumente dagegen
Nicht als regelmäßige Methode zur Empfängnisverhütung geeignet.

Barrieren

 Thema, Ziel
Die Kinder sollen die Funktionsweise von Schwangerschaftsverhütungsmaßnahmen verstehen lernen.

 Zeitrahmen
30 Minuten.

 **Altersstufe**
Ab 10 Jahre.

 Gruppengröße
Arbeit in Dreier- oder Vierergruppen.

 **Benötigtes Material**
Große Bogen Papier, Filzstifte.

 Anknüpfungsmöglichkeiten
Babys

So geht es

Zeigen Sie den Kindern wie ein Assoziogramm funktioniert. Auf Seite 184 ging es bereits um Barrieren. Für den Einstieg sollten Sie zunächst ein anderes Thema nehmen. Bei der Erstellung des Diagrammes können die Kinder selbst die Einfälle entwickeln, die Sie dann notieren!
Wenn die Kinder verstanden haben, wie es geht, sollen sie in Gruppen ihr eigenes Schaubild zum Thema "Barrieren" machen.
Die Arbeitsergebnisse werden gemeinsam besprochen. Folgende Aspekte sollten berücksichtigt werden:

- Hat jede Gruppe an die gleichen Barrieren gedacht?

- Funktionieren die Barrieren gleich gut?

- Warum ist die Wirkung unterschiedlich?

Im Anschluß an diese Phase können Sie zum Thema 'Verhütung' überleiten.

Was hat das mit Liebe zu tun?

Babys

→ **Thema, Ziel**
Gründe erklären, warum man ein Kind haben will oder nicht.
Klarmachen, daß Menschen die Wahl haben.

Altersstufe
Ab 12 Jahre.

Benötigtes Material
Große Bogen Papier, Filzstifte.

Zeitrahmen
30 Minuten.

Gruppengröße
Klasse in vier Gruppen eingeteilt.

Anknüpfungsmöglichkeiten
Barrieren

So geht es

Teilen Sie die Kinder in vier Gruppen auf.
Zwei Gruppen diskutieren und notieren alle Gründe, warum Leute Kinder haben wollen. Die anderen beiden Gruppen beschäftigen sich mit den Gründen der Leute, die sich entschieden haben, keine Kinder zu bekommen. Die Gruppen mit dem gleichen Thema tauschen dann ihre Arbeitsergebnisse aus.
Anschließend besprechen dann jeweils zwei Gruppen mit unterschiedlicher Fragestellung ihre Ergebnisse. Auch ein abschließendes Klassengespräch ist möglich.

Lieben, Lernen, Lachen:

Geschlechtskrankheiten und AIDS

Sollten wir uns bei der sexuellen Aufklärung der Kinder bereits mit Geschlechtskrankheiten und AIDS beschäftigen?

Die Antwort hängt jeweils von dem Lehrplan und den Vorgaben Ihrer Schule ab. Als LehrerIn sollten Sie jedoch darauf gefaßt sein, daß die Kinder mit Fragen kommen. Sie werden also im Einzelfall für sich entscheiden müssen, welche Antworten angemessen sind. Da dies ein sehr sensibler und auch umstrittener Themenbereich ist, sollten Sie sich mit Ihren KollegInnen zusammensetzen, um Ihre Gefühle und Ansichten gemeinsam zu besprechen.

Fortbildungsmaßnahmen und Kontakte zu befaßten Institutionen und Gruppen werden Ihnen sicher wertvolle Impulse für ihre unterrichtliche Arbeit geben.

Grundsätzlich sind wir jedoch der Auffassung, daß man sich im Sexualkundeunterricht auf die positiven Aspekte von Sexualität und persönlichen Beziehungen konzentrieren sollte.

Eine zu starke Akzentuierung von Krankheiten und Infektionen könnten dem Kind ein sehr trauriges Bild von Sexualität vermitteln. Daher müssen wir uns sehr genau überlegen, wann und wie wir diesen Themenbereich ansprechen wollen.

- HIV und AIDS: Dinge, die Sie im Kopf haben sollten

1 Die Übertragung von HIV hängt mit einem risikoreichen Sexualverhalten zusammen und nicht mit der Zugehörigkeit zu einer der sogenannten 'Risikogruppen'. In dieser Frage kann man im Klassenzimmer auf Fehlinformationen und Vorurteile stoßen, die es in jedem Falle zu hinterfragen und zu korrigieren gilt.
Leider sind Häme gegenüber Homosexuellen und rassistische Einstellungen unglücklicherweise weit verbreitet. Und Grundschulen sind nicht immun gegen gesellschaftliche Einflüsse.
Die Ausbreitung von AIDS ist keine 'Schwulen-Plage'. In vielen Teilen der Welt tritt AIDS in vornehmlich heterosexuellen Gesellschaften auf. Medizinexperten sagen voraus, daß in den nächsten 10-20 Jahre AIDS unter den Heterosexuellen stetig zunehmen wird. Das ist die Zeit, in der die Kinder Ihrer Klasse sexuell aktiv werden.

2 Vom HIV (Humaner Immunschwäche-Virus) wird häufig angenommen, daß es ein Virus mit völlig anderen Merkmalen sei, als die der übrigen Viren. Es sei hier noch einmal betont, daß sich das HIV zwar von anderen Viren unterscheidet, es dennoch auch viele von deren Charakteristika hat.
Es kann nicht oft genug betont werden, daß es sehr schwierig ist, das Virus von einer Person an eine andere weiterzugeben. Man fängt es sich nicht ein. In vieler Hinsicht ist das HIV schwächer als die meisten Viren. Außerhalb des Körpers kann es nicht lange überdauern. In den Körper gelangt es entweder durch Austausch von Körperflüssigkeiten (etwa Sperma, Scheidensekret beim Geschlechtsverkehr) oder durch die gemeinsame Benutzung von Injektionsnadeln beim Spritzen von Drogen.

3 HIV und AIDS sind etwas anderes. Ist jemand HIV-Antikörper-Positiv, dann heißt das, daß die Person Antikörper gegen das HIV entwickelt hat. Er/sie kann dabei völlig beschwerdefrei und gesund sein. Entwickelt sich bei dieser Person jedoch

Was hat das mit Liebe zu tun?

AIDS (Acquired Immuno-Deficiency Syndrome), so handelt es sich dabei nicht um ein klar begrenztes Krankheitsbild, sondern um einen Schwächezustand des Körpers, in dem unterschiedlichste Infektionen, wie z.B. Lungenentzündung, das bereits geschwächte Immunsystem des Körpers angreifen und weiter schwächen. Es ist auf keinen Fall sicher, daß eine HIV-positive Person auch an AIDS erkrankt. In der Boulevardpresse finden sich häufig reißerische Schlagzeilen im Sinne von "AIDS = Tod". Anstelle einer solch negativen Sichtweise sollten wir uns eher dem Konzept zuwenden, das das "(Zusammen)Leben mit HIV und AIDS" betont.

4 Die Kinder müssen wissen, daß der alltägliche Umgang mit anderen nicht zu einer Übertragung des Virus führt. Sie können einen "infizierte" Menschen umarmen, ihn küssen, gemeinsam mit ihm essen, schwimmen gehen und überhaupt viel Spaß zusammen haben.

5 Von manchen Menschen wird HIV/AIDS als Strafe für ein "falsches Verhalten" gesehen.
Das ist abwegig. Auch Leute, die sich nicht "fehlverhalten" haben, wurden HIV-positiv, wie zum Beispiel Bluter, die nicht überprüfte Blutkonserven erhalten haben. In diesem Kontext haben die Medien gleichgeschlechtliche Beziehungen als Fehlverhalten diffamiert und AIDS zu einer Strafe für Homosexuelle stilisiert. Es ist aber interessant, daß die Krankheit bei homosexuellen Frauen praktisch unbekannt ist.
Wir sollten dafür sorgen, daß solche fehlerhaften und ignoranten Ansichten hinterfragt und korrigiert werden.
Gleichzeitig sollten die Kinder auch wissen, daß das Virus an das noch ungeborene Kind in der Gebärmutter weitergegeben werden kann. Es gibt neugeborene Kinder, die bereits HIV-positiv sind, weil ihnen das Virus von der Mutter weitergegeben wurde. Andere Kinder oder Jugendliche wurden dadurch infiziert, daß sie HIV verseuchte Blutkonserven erhielten, bevor alle Blutplasmaprodukte einer Hitzebehandlung zur Abtötung des Virus unterzogen wurden.

In den kommenden Jahren werden wir mehr HIV-positive SchülerInnen in unseren Schulen haben. Wir müssen also ausreichend informiert sein, um dann damit richtig umgehen zu können. Es hat kontroverse Diskussionen darüber gegeben, wer über die HIV-Erkrankung eines Schulkindes Bescheid wissen sollte. Wir meinen, daß es für niemanden Vorteile bringt, wenn dies in der Schule allgemein bekannt wird. Wir brauchen uns in diesem Zusammenhang nur einige Vorkommnisse in den USA in Erinnerung zu rufen. Dort wurden HIV-infizierte Kinder vom Schulbesuch ausgeschlossen! Deshalb sollte die Grundüberlegung sein: "Wer muß unbedingt etwas darüber wissen?"
In jedem Fall sollten Sie einmal die Richtlinien und Verfügungen der zuständigen Schulbehörde zum Komplex HIV/AIDS durchsehen.

6 Bei Fragen zur Quelle und Ausbreitung von AIDS sollten wir in jedem Fall der Diskriminierung von Homosexuellen und rassistischen Verdächtigungen entgegentreten. Im übrigen ist es gerade für jüngere Kinder wenig hilfreich, den Ursprüngen der Krankheit nachzuspüren, da eine solche Betrachtung von wichtigeren Fragestellungen ablenkt.

7 Es kann auch die Frage nach Kondomen kommen. Weisen Sie darauf hin, daß der Gebrauch von Kondomen eine verantwortungsbewußte Handlungsweise von Menschen ist, die Geschlechtsverkehr haben wollen.

Was hat das mit Liebe zu tun?

Über Krankheiten und Viren unterrichten

Wenn mit GrundschülerInnen Themen wie HIV, AIDS oder Geschlechtskrankheiten behandelt werden, dann immer im Rahmen des allgemeinen Themas Krankheit. (Diese Themen sollten auf keinen Fall isoliert herausgegriffen werden.)

Die Kinder sollten wissen, daß sich Krankheiten ganz unterschiedlich verbreiten können, bevor sie sich mit speziellen Einzelfällen wie AIDS oder Geschlechtskrankheiten beschäftigen.

Deshalb sollte sich die Unterrichtsarbeit zunächst auf die **nicht-infektiösen Erkrankungen** richten, wie z.B. Herzerkrankungen, Arthritis, Diabetes und Krebs. Danach kann die Gruppe der **Infektionskrankheiten** behandelt werden, damit sich die Kinder vorstellen können, wie Krankheitserreger (Bazillen, Viren) in unseren Körper eindringen und dort Veränderungen bewirken. Beispielhaft könnten Erkältungen, grippale Infekte oder Masern erwähnt werden.
Auch wenn in diesem Zusammenhang HIV und AIDS thematisiert werden können, lassen sich positivere Sichtweisen eher in dem thematischen Zusammenhang von "wie wir uns schützen können" vermitteln.

Im Verlaufe des Unterrichts sollen die Kinder auch erkennen, daß nicht alle Bakterien schädlich sind. Einige sind sogar ausgesprochen nützlich, wenn wir an die Herstellung bestimmter Nahrungsmittel denken, wie z.B. Joghurt und Käse.

Immer wieder einsetzbare Aktivitäten

Es ist schwierig zu ermitteln, wie groß die Erfahrungen und das Wissen bei den Kindern sind, wenn es um direkte sexuelle Aktivitäten geht.
Um den Kindern das Verständnis in diesem Bereich zu erleichtern, sind die Vorschläge auf den folgenden Seiten recht nützlich. Sie helfen den Kindern, ihre eigenen Vorstellungen auszudrücken und einige Dinge klarer zu sehen.

Z.B. kann das "Meinungsbild für alle" zur Vorbereitung von Fakten dienen, an die sich dann die Vorschläge für die Gruppenarbeit anschließen.

Auf diese Weise werden die Bereiche deutlich, in denen die Kinder unklare oder falsche Vorstellungen haben. Diese Ansichten sollten Sie ansprechen und korrigieren.

Meinungsbild für alle
A: Fakten

 Thema, Ziel
Die Kinder werden angespornt, Wissensbereiche zu erkunden.

 **Altersstufe**
Ab 9 Jahre.

 Benötigtes Material
Zwei große Bogen Papier, beschriftet mit "Richtig" bzw. "Falsch".
Genügend Platz, z.B. in einer Sporthalle oder einer Pausenhalle.
Liste mit Aussagen, die sich auf anschließende Unterrichtsthemen beziehen.
(Beispiele finden Sie auf den folgenden Seiten.)

 Zeitrahmen
20 Minuten.

 Gruppengröße
Alle.

 Anknüpfungsmöglichkeiten
Jeder Bereich, in dem es darum geht, neue Kenntnisse zu erwerben.

So geht es

Die beiden mit "Richtig" und "Falsch" beschrifteten Bogen werden an zwei gegenüberliegenden Seiten des Raumes plaziert. Die Kinder sollen sich vorstellen, daß beide Bogen durch eine Linie miteinander verbunden sind.
Lesen Sie nun Aussagen zu einem geplanten Thema vor, und bitten Sie die Kinder, sich entsprechend ihrer Meinung auf der gedachten Linie hinzustellen, bei eher falsch oder eher richtig. Dabei sind nicht unbedingt extreme Entscheidungen notwendig. Die Kinder können sich z.B. auch weiter in der Mitte einfinden.
Erklären Sie auch unbedingt, daß es nicht schlimm ist, wenn man sich unsicher ist oder nicht genau Bescheid weiß. Alles wird sofort nach diesem Spiel geklärt.
Sobald die Kinder ihren Platz gefunden haben, können sie miteinander diskutieren, warum sie gerade da stehen. Sie können einzelne Kinder auch gezielt fragen. Unserer Erfahrung nach tendieren manche Kinder dazu, anderen hinterherzulaufen, anstatt selbst nachzudenken.
Solche Verhaltensweisen sind ein eigenes Unterrichtsthema.

Was hat das mit Liebe zu tun?

Meinungsbild für Gruppen
A: Fakten

 **Thema, Ziel**
Die Kinder werden angespornt, Wissensbereiche zu erkunden.

Altersstufe
Ab 9 Jahre.

Benötigtes Material
Für jede Gruppe große Bogen Papier, Filzstifte, kleine, mit Aussagen/Fakten beschriftete Karten, Hafties, Blu-tack oder anderes Haftmaterial.

 Zeitrahmen
30 Minuten.

 Gruppengröße
Kleingruppen.

 Anknüpfungsmöglichkeiten
Jeder Bereich, in dem es darum geht, neue Kenntnisse zu erwerben.

So geht es

Jede Kleingruppe (3-4 Kinder) erhält einen großen Bogen Papier sowie einen Satz Karten.
Das Blatt Papier wird mit einer horizontalen Linie versehen, an deren einem Ende das Wort "Richtig", an deren anderem Ende das Wort "Falsch" geschrieben steht.
Die Karten werden umgedreht in die Mitte gelegt.
Die Kinder nehmen abwechselnd eine Karte auf und plazieren sie auf der Linie. Dieser Entscheidungsprozeß kann durch gemeinsame Gespräche unterstützt werden.
Wenn die Gruppe sich einig ist, wohin die Karte gehört, sollte sie mit Hafties o.ä. fixiert werden.
Diese Arbeit informiert Sie über mögliche Unklarheiten bei den Kindern.

Lieben, Lernen, Lachen:

Meinungsbild für alle
B: Gefühle

 Thema, Ziel
Die Kinder anspornen, strittige Fragen gemeinsam zu klären.

 **Altersstufe**
Ab 9 Jahre.

 Benötigtes Material
Zwei große Bogen Papier, beschriftet mit "Einverstanden" bzw. "Nicht einverstanden", Liste mit Aussagen, die sich auf anschließende Unterrichtsthemen beziehen. (Siehe Beispiele auf den folgenden Seiten) Genügend Platz, z.B. in einer Sporthalle oder einer Pausenhalle.

 Zeitrahmen
20 Minuten.

 Gruppengröße
Alle.

 Anknüpfungsmöglichkeiten
Alle Themen, bei denen es um Haltungen und Einstellungen geht.

So geht es

Wie bei "Meinungsbild: Fakten" werden wieder zwei Bögen Papier plaziert, diesmal beschriftet mit "Einverstanden" und "Nicht einverstanden".
Lesen Sie nun Aussagen zu strittigen Punkten vor. Bitten Sie die Kinder, entsprechend ihrer Zustimmung ihren Platz zwischen den beiden gegensätzlichen Positionen einzunehmen. Dabei sind nicht unbedingt extreme Entscheidungen notwendig. Die Kinder können sich z.B. auch weiter in der Mitte einfinden.
Erklären Sie auch unbedingt, daß es nicht schlimm ist, wenn man sich unsicher ist oder nicht genau Bescheid weiß. Alles wird sofort nach diesem Spiel geklärt.
Sobald die Kinder ihren Platz gefunden haben, können sie miteinander diskutieren, warum sie gerade da stehen. Sie können einzelne Kinder auch gezielt fragen. Unserer Erfahrung nach tendieren manche Kinder dazu, anderen hinterherzulaufen, anstatt selbst nachzudenken. Solche Verhaltensweisen sind ein eigenes Unterrichtsthema.

Was hat das mit Liebe zu tun?

Meinungsbild für Gruppen
B: Gefühle

 **Thema, Ziel**
Die Kinder anspornen, strittige Fragen gemeinsam zu klären.

 Zeitrahmen
30 Minuten.

 Altersstufe
Ab 9 Jahre.

 Gruppengröße
Kleingruppen.

 Benötigtes Material
Für jede Gruppe große Bogen Papier, Filzstifte, kleine Karten mit kritischen Punkten sowie Hafties oder ähnliches.

 Anknüpfungsmöglichkeiten
Alle Themen bei denen es um Haltungen bzw. Einstellungen geht.

So geht es

Jede Kleingruppe (3-4 Kinder) erhält einen großen Bogen Papier sowie einen Satz Karten.
Das Blatt Papier wird mit einer horizontalen Linie versehen, an deren einem Ende das Wort "Richtig", an deren anderem Ende das Wort "Falsch" geschrieben steht.
Die Karten werden umgedreht in die Mitte gelegt.
Die Kinder nehmen abwechselnd eine Karte auf und plazieren sie auf der Linie. Dieser Entscheidungsprozeß kann durch gemeinsame Gespräche unterstützt werden.
Wenn die Gruppe sich einig ist, wohin die Karte gehört, sollte sie mit Hafties o.ä. fixiert werden.
Sie erhalten auf diese Weise einen Eindruck von Haltungen bzw. Einstellungen innerhalb der Lerngruppe.

Was meinst du dazu?

Die folgenden Aussagen beziehen sich auf sexuelle Aktivitäten. Sie können diese Statements natürlich ändern oder ergänzen.

Selbstbefriedigung kann dir schaden.

Geschlechtsverkehr findet nur im Bett statt.

Geschlechtsverkehr ist erst ab 16 erlaubt.

Männer interessieren sich stärker für Sex als Frauen.

Während des Geschlechtsverkehrs muß der Mann auf der Frau liegen.

Es ist nichts Schlimmes, wenn man sich von einem Menschen gleichen Geschlechts angezogen fühlt.

Im Alter verlieren die Menschen das Interesse am Sex.

Um mit jemandem zu schlafen, mußt du verheiratet sein.

Viele Menschen geben mit ihren sexuellen Erlebnissen an, obwohl sie gar keine hatten.

Während des Geschlechtsverkehrs produziert der Körper nur eine kleine Menge Flüssigkeit.

Manche Menschen bleiben ihr ganzes Leben lang jungfräulich (unberührt).

Was hat das mit Liebe zu tun?

Was meinst du dazu?

Die nachfolgenden Aussagen beziehen sich auf Geschlechterrollen. Sie können diese Statements natürlich ändern oder ergänzen.

Kleine Jungen sollten nicht mit Puppen spielen.

Frauen sind von Natur aus fürsorglicher als Männer.

Frauen sind tapferer als Männer.

Männer und Frauen sollten sich die Hausarbeit teilen.

Auch Jungen dürfen weinen.

Männer sollten in Bussen ihre Sitzplätze den Frauen anbieten.

Auch ein Mädchen darf wild sein.

Es ist in Ordnung, wenn ein Junge immer mit Mädchen spielt.

Ein Mädchen sollte einen Jungen nicht fragen, ob er mit ihr ausgeht.

Mädchen im Alter von 11 Jahren sind erwachsener als gleichaltrige Jungen.

Lieben, Lernen, Lachen:

Was meinst du dazu?

Diese Aussagen beziehen sich auf andere Aspekte von Sexualität. Sie können die Statements natürlich ändern oder ergänzen.

_____

Frauen sollten frei entscheiden können, ob sie Kinder haben wollen oder nicht.

_____

Hormone können die Stimmung einer Frau vor oder während der Menstruation beeinflussen.

_____

Es ist peinlich für ein Mädchen, Kondome dabei zu haben.

_____

Schwangerschaftsverhütung ist die Aufgabe von Mann und Frau.

_____

Du kannst dich nicht mit AIDS infizieren, wenn du eine erkrankte Person küßt.

_____

Jede(r) 10. fühlt sich von einem gleichgeschlechtlichen Partner sexuell angezogen.

_____

Es gibt Phasen im Leben von Menschen, in denen sie keinen Sex mit anderen haben wollen.

_____

Körperlich behinderte Menschen empfinden oft große Freude an einem regen Sexualleben.

_____

Im Alter von 10 Jahren halten die meisten Kinder Sex für eine merkwürdige Angelegenheit.

_____

Niemand sollte mich anfassen dürfen, wenn ich es nicht mag.

_____

A76

© Verlag an der Ruhr,
4330 Mülheim/Ruhr

Was hat das mit Liebe zu tun?

Karo aus vier/Karo aus neun

 **Thema, Ziel**

Die Kinder bestätigen, ihre persönliche Meinung zu Problemen zu finden, diese Ansicht anderen mitzuteilen und vor ihnen zu vertreten.

 Altersstufe

Ab 8 Jahre.
"Karo aus vier" ist vom Schwierigkeitsgrad her für die jüngeren Kinder geeignet.

Benötigtes Material

Für jedes Kind ein Umschlag mit 4 bzw. 9 Zetteln, auf denen je eine Aussage steht. Anregungen für die Aussagen finden sich auf den nachfolgenden Seiten.

 Zeitrahmen

30 Minuten.

 Gruppengröße

Arbeit mit allen: Zunächst Einzelarbeit, dann Partner-, später auch Kleingruppenarbeit.

 Anknüpfungsmöglichkeiten

Alle Bereiche, die kontrovers diskutiert werden.

So geht es

Zunächst müssen Sie entscheiden, welche Statements Sie auf die Zettel schreiben wollen. (Die hier aufgeführten sind lediglich Beispiele. Diese Methode ist sehr vielseitig).
Die Kinder erhalten für das Spiel 'Karo aus vier' Umschläge mit je vier Zetteln und werden gebeten, die Aussagen entsprechend ihrer subjektiven Bedeutung für den einzelnen folgendermaßen zu einem Karo zu ordnen:

    x   =   Die wichtigste Aussage
   x x   =   Die nächstwichtigen Aussagen
    x   =   Die am wenigsten wichtige Aussage

Für das Spiel 'Karo aus neun' werden auch die wichtigste Aussage oben, und die unwichtigste unten plaziert. Dazwischen müssen aber dann die weiteren Aussagen entsprechend der ihnen zuerkannten Wertigkeit angeordnet werden, so daß sich ein Karo aus 9 Elementen ergibt.

    x   = Die wichtigste Aussage
   x x = Die beiden zweitwichtigsten Aussagen
  x x x = Die drei drittwichtigsten Aussagen
   x x = Die beiden weniger wichtigen Aussagen
    x   = Die am wenigsten wichtige Aussage

Sie sollten den Kindern dies alles einmal vormachen.
Wenn die Kinder ihre Karos beisammen haben, tauschen sie ihre Arbeitsergebnisse in Partnerarbeit aus. Weil es bei dieser Aktivität darum geht, eigene Einstellungen zu analysieren, ist es gut, wenn sie versuchen, das andere Kind von ihrem Karo zu überzeugen, indem sie erklären, warum sie es so und nicht anders zusammengesetzt haben. Natürlich versucht jedes Kind das andere zu überzeugen, vielleicht schaffen beide einen Kompromiß.

Impulsfragen können sein:

"Teilst du die Auffassung deines Partners/deiner Partnerin in bezug auf die wichtigste Aussage? Wenn nicht, warum nicht."

"Welche Aussage führte bei euch zu der heftigsten Auseinandersetzung?"

"Ist es deinem/deiner PartnerIn gelungen, dich von seiner Auffassung zu überzeugen?"

"Was hast du während dieser Aufgabe über deine/n PartnerIn erfahren?"

"Was hast du über dich selbst erfahren?"

Was hat das mit Liebe zu tun?

Karo aus vier/Karo aus neun: Was meinst du dazu?

Die meisten Aussagen können sowohl für das "Meinungsbild" als auch für die Aufgaben 'Karo aus vier' und 'Karo aus neun' - in der vorliegenden Fassung oder modifiziert - verwendet werden.

Ein guter Freund/eine gute Freundin ist ...

_____

Jemand, der für mich eintritt.
_____

Jemand, der mich nie anlügt.
_____

Jemand, der mich zum Lachen bringt.
_____

Jemand, der mir zuhört.
_____

Jemand, der alle seine Sachen mit mir teilt.
_____

Jemand, der immer tolle Ideen hat.
_____

Jemand, der modische Kleidung trägt.
_____

Jemand, den meine Familie mag.
_____

Jemand, der so alt ist wie ich.
_____

Lieben, Lernen, Lachen:

Karo aus vier/Karo aus neun
Was meinst du dazu?

Ich kann mich selbst schützen, indem ich ...

Mit anderen spreche.

Nein sage.

Mich nie an gefährlichen Orten aufhalte.

Mich nicht auf Gespräche mit Fremden einlasse.

Immer pünktlich zu Hause bin.

Andere informiere, wohin ich gehe.

Keine Geheimnisse habe.

Keine Angst habe, laut zu schreien, wenn es notwendig ist.

Mich heftig wehre.

Was hat das mit Liebe zu tun?

Haben Sie daran gedacht?

In diesem Buch wurden Ihnen bisher in einigen Kapiteln Sachinformationen angeboten, die dabei helfen sollen, einen Unterrichtsrahmen für die Sexualerziehung in der Primarstufe zu erstellen. Selbstverständlich konnten nicht alle Aspekte berücksichtigt werden, die durchaus schon im Fragehorizont der Kinder liegen. Haben Sie beispielsweise daran gedacht die folgenden Themen zu berücksichtigen?

- Erektionen -

Ungewünschte Erektionen können sehr peinlich sein und jederzeit auftreten, auch wenn ein Junge überhaupt nicht an Sex denkt. Wie für andere Fragen der Sexualität gilt auch hier, daß die jungen Menschen beruhigt werden, daß ihnen etwas völlig Normales geschehen ist.
Eine häufige Sorge ist die Vermutung, während einer Erektion könnten Samen und Urin gleichzeitig aus dem Penis kommen. Dies ist biologisch gesehen jedoch unmöglich.

- Geschlechtskrankheiten -

Es gibt eine ganze Reihe von Geschlechtskrankheiten, darunter Syphilis, Gonorrhöe (Tripper) und AIDS, aber auch Infektionen des Genital- oder Urinaltraktes, die nicht durch Geschlechtsverkehr übertragen werden.
Dazu gehören z.B. Harnröhrenentzündung, Herpes, Mundfäule, Blasenkatarrh und Unterleibsentzündungen.

- Größe -

Jeder Mensch hat seinen individuellen Körperbau. Menschen machen sich Sorgen über ihre Größe und ihr Aussehen. Z.B. sorgen sich Mädchen oft über die Größe ihrer Brüste und Jungen über die Größe ihres Penis und ob sie eine Vorhaut haben oder nicht. Aber alle Variationen in Größe und Aussehen sind normal und sind für den Spaß bei der Sexualität nicht verantwortlich.

- Inzest -

In der exakten Definition bezeichnet dies Wort den Geschlechtsverkehr zwischen nahen Verwandten. In den meisten Gesellschaften ist er kulturell und gesetzlich tabuisiert.
Inzest steht in engem Zusammenhang mit dem sexuellen Mißbrauch von Kindern. Forschungsergebnisse haben gezeigt, daß Mädchen öfter die Opfer sind als Jungen und daß der Täter oft der eigene Vater oder Stiefvater ist.

- Nächtlicher Samenerguß -

Dies geschieht, wenn sich bei dem Mann so viel Samenflüssigkeit angesammelt hat, daß diese sich während des Schlafes plötzlich entlädt. Ausgelöst wird dies Geschehen zuweilen durch Träume, die sexuelle Fantasien enthalten. Diese "feuchten Träume" sind nichts Ungewöhnliches und völlig harmlos.

Lieben, Lernen, Lachen:

- Petting -

Dieser Ausdruck bezieht sich ganz allgemein auf Küssen, Kuscheln und gegenseitige körperliche Berührungen. Intensives Petting mag Zungenküsse und gegenseitiges Berühren der Sexualorgane einschließen. Petting ist oft die erste sexuelle Erfahrung junger Menschen, wenn sie sich gern haben.

- Schwärmereien -

Diese kommen sehr häufig vor. Kinder schwärmen für Menschen aus ihrem Bekanntenkreis oder für Popstars usw.. Es ist nicht ungewöhnlich, für eine Person gleichen Geschlechts zu schwärmen.

- Sexualität -

Dieser Begriff ist schwer zu definieren. Er bezieht sich darauf, wie sich Menschen mit ihrer Geschlechtsrolle identifizieren und sie annehmen und wie sie sich dabei fühlen. Er bezieht sich auch auf die Kategorie männlich oder weiblich. Von der Geburt an lernen Jungen, Jungen zu sein und Mädchen, Mädchen zu sein.

- Sexuelle Fantasien -

Die meisten Kinder leben im Spiel gerne ihre Fantasie aus. Mit zunehmendem Alter haben viele junge Menschen sexuelle Fantasien. Jungen und Mädchen befriedigen sich zuweilen selbst, während sie sich ihren Fantasievorstellungen hingeben. Dies ist völlig normal. Es stellt eine wichtige Aufgabe dar, Kinder und Jugendliche sachlich über Onanie (Selbstbefriedigung) zu informieren und Mythen wie "Selbstbefriedigung kann zu Blindheit führen" zu zerstören. Eine Möglichkeit, dies Thema in Angriff zu nehmen, wurde auf S. 173 skizziert. Selbstverständlich müssen die von uns vorgeschlagenen Materialien auf die Situation der jeweiligen Lerngruppe zugeschnitten werden.

- Stimmbruch -

Während der Wachstumsphase wird auch der Kehlkopf größer. Männer haben so größere Resonanzkörper als Frauen und deshalb tiefere Stimmen. Während der Pubertät geraten die Kehlkopfmuskeln zuweilen für einige Sekunden außer Kontrolle. So kommt es zu der quiekigen Stimme, die den Jungen oft peinlich ist.

- Stimmungen -

Während der Pubertät haben die jungen Menschen oft große Stimmungsschwankungen. Ursachen hierfür sind auch die Veränderungen des Hormonhaushaltes. Es ist wichtig, die Kinder mit diesen Stimmungen zu akzeptieren.

- Vergewaltigung -

Die meisten Kinder werden dieses Wort schon einmal gehört haben. Gegen die Wahrheit, daß Vergewaltigung immer meint, daß jemand gegen seinen Willen zur Sexualität gezwungen wird, muß die Behauptung zurückgewiesen werden, daß es hier nicht

Was hat das mit Liebe zu tun?

um eine Gewaltanwendung ginge. Es geht immer um Machtausübung. Dies ist kein sexuelles Verhältnis, woran beide Beteiligten Spaß haben.

- Vorspiel -

Dieser Begriff bezeichnet in der Regel die sexuellen Aktivitäten vor dem eigentlichen Geschlechtsverkehr. Zum Vorspiel gehören Küssen, Lecken und körperliche Berührungen, um den/die PartnerIn sexuell zu erregen. Verschiedene Teile des Körpers sind hierfür besonders empfänglich.

Das Eindringen des Penis in die Vagina ist nur eine Ausdrucksweise von Sexualität. Was einige als Vorspiel beschreiben, ist für andere ein befriedigender Sexualakt.

7
Und wenn Sie Hilfe brauchen...

Sicher haben Sie bemerkt, daß dieses Buch auf folgenden Arbeitsprinzipien basiert:

Aktives Lernen

Basierend auf der Stärkung der Persönlichkeit

Betonung von Wertvorstellungen

Entwicklungsbezogen (aufbauend auf früheren Erfahrungen)

Experimentierend (Lernen aus eigener Erfahrung fördern)

Freundlich (Alle Aktivitäten sollen nicht bedrohlich wirken)

Gruppenorientiert

Ganzheitlich (Es geht um das ganze Kind)

Innovativ

Praxiserprobt

(**V**or)Urteilsfrei (Schutz vor Abwertungen)

Wie bekomme ich Hilfen?

Leider gibt es für Kinder in der Primarstufe nur wenig Materialien zur Sexualerziehung. Aus diesem Grunde bieten wir im weiteren Verlauf einen Überblick über Materialien an, die Sie auf die Einsetzbarkeit für die Arbeit mit Ihren Kindern überprüfen können.
Der auf den folgenden beiden Seiten skizzierte Workshop könnte auf der Suche nach Kriterien für die Auswahl von Materialien hilfreich sein.

Bitte beachten Sie, daß Quellen schnell veralten können.

Bedenken Sie

- unterschiedliche kulturelle Grundlagen.

- verschiedene Glaubensrichtungen.

- die Relevanz des Materials in bezug auf die Gesellschaftsschicht sowie die städtische/ländliche Umgebung des Kindes.

- die Nähe des Materials zum Kind. Entsprechen die Illustrationen den Sehgewohnheiten von Kindern?

- auch verborgene Signale, die Sie geben. Sie müssen das Material, mit dem Sie umgehen, auch mögen.

- verwendete Klischeevorstellungen, z.B. Behinderung, Rasse.

Vergessen Sie nicht

- zu überprüfen, wie Männer und Frauen dargestellt werden.

- zu klären, ob das Material mit dem diskutierten Konsens zur Sexualerziehung an Ihrer Schule übereinstimmt.

- herauszufinden, ob das Material ansprechend ist.

- sich zu vergewissern, ob durch das Material das Kind respektiert und nicht bevormundet wird.

Und wenn Sie Hilfe brauchen ...

Arbeitskreis zur Sichtung von Materialien

Dieser Arbeitskreis ist geeignet für LehrerInnen, Eltern und Schulaufsichtspersonen.

Ziel
Die Erfahrungen der KursteilnehmerInnen im Umgang mit verschiedenen Materialien zusammentragen und gemeinsam Kriterien für gutes Material herausarbeiten. Die Kriterien für gutes Material zur Sexualerziehung herausarbeiten. Diese Kriterien auf aktuelles Material anwenden. Eine Empfehlungsliste für die Schule zusammenstellen.

Einführung
Begrüßung der TeilnehmerInnen.
Überblick über die Veranstaltung, die auf aktive Beteiligung aller angelegt ist.

Eisbrecher
Zunächst einmal müssen die Teilnehmer sich wohlfühlen. Als Eisbrecher können Ideen aus diesem Buch (z.B. auf S. 216) dienen.

Erfahrungen nutzen
Die TeilnehmerInnen werden in Dreier- oder Vierergruppen gebeten, sich an Materialien zu erinnern, die Kindern geholfen haben und mit denen die Kinder gerne gearbeitet haben. In einem zweiten Schritt soll möglichst konkret formuliert werden, warum die Arbeit mit den betreffenden Materialien so gut geklappt hat und was den Kindern besonders gefallen hat.
So wird die Gruppe die besten Materialien herausfiltern. Die Vorschläge sollten aufgeschrieben werden.

Rückmeldung
Gedankenaustausch über die Arbeitsergebnisse der vorangegangenen Phase.

Brainstorming
Die Frage lautet:
Welche Komponenten machen ein gutes Material zur Sexualerziehung aus?
Wenn diese Kriterien feststehen und schriftlich festgehalten sind, können die folgenden Arbeitsschritte in Kleingruppen erledigt werden:

Reflexionsphase

"Sind diese Kriterien geeignet für die Beurteilung von Materialien zu Fragen der Sexualität, Partnerschaft und sozialen Beziehungen?"
"Welche Ergänzungen bzw. Streichungen würden Sie vorschlagen?"

Rückmeldung

Die Arbeitsergebnisse werden ausgetauscht, und die ursprüngliche Liste wird überarbeitet.

Arbeiten mit einer Checkliste

Hilfreich wäre eine Fotokopie der Checkliste auf den nächsten beiden Seiten (214-215). In Partnerarbeit werden nun ausgesuchte Materialien sowohl anhand der Checkliste wie auch anhand der vorher erklärten Kriterien untersucht und bewertet.

Rückmeldung

Diskussion über die Arbeitsergebnisse.

Abschließende Aktivität

Nach der schriftlichen Arbeit sollten alle noch einmal Gelegenheit für eine Stellungnahme ihrer Einschätzung etc. haben (Vgl. hierzu Kap. 3).

Und wenn Sie Hilfe brauchen ...

Checkliste für Quellen

Titel:_____

AutorInnen:_____

Verlag:_____

ISBN:_____

Preis:_____

© Verlag an der Ruhr,
4330 Mülheim/Ruhr

Dieses Material/Buch wendet sich an folgende Zielgruppe:_____

_____

Folgende Hauptthemen werden behandelt:_____

_____

_____

Das Material/Buch verfolgt die Intention:_____

_____

_____

Die Illustrationen sind geeignet/nicht geeignet, weil..._____

_____

_____

Die Schriftgröße ist angemessen/nicht angemessen, weil..._____

_____

_____

Die Sprache/Sprachebene ist überzeugend/nicht überzeugend, weil..._____

_____

_____

Lieben, Lernen, Lachen:

Checkliste für Quellen

Der soziale Hintergrund ist passend/nicht passend, weil... _____

_____

_____

Folgende Gruppen werden positiv/negativ dargestellt: _____

_____

_____

Die Situationen und die Handlung entsprechen dem Erfahrungsstand der Kinder in folgenden Punkten/entsprechen in folgenden Punkten nicht: _____

_____

_____

Wir würden das Material/Buch auf folgende Weise einsetzen: _____

_____

_____

A80

© Verlag an der Ruhr,
4330 Mülheim/Ruhr

Diese beispielhafte Checkliste bezieht sich auf Druckerzeugnisse.
Für andere Medien möchten wir noch folgende Anregungen geben:

- Die Informationsdichte eines Videos ist für die Spielzeit angemessen/ zu hoch, weil ...
- Der Tonfall ist angemessen/nicht angemessen, weil ...
- Die Spielregeln sind geeignet/nicht geeignet, weil ...
- Ton- und Bildwiedergabe sind ...
- Die didaktischen Hinweise sind ...

Und wenn Sie Hilfe brauchen ...

Eisbrecher für den Quellen-Workshop

Hier sind einige berühmte Paare aufgeführt:

Romeo und Julia

Sherlock Holmes und Dr. Watson

Elizabeth Taylor und Richard Burton

Stan Laurel und Oliver Hardy

Hella von Sinnen und Cornelia Scheel

Butch Cassidy und "Sundance Kid"

Bonnie und Clyde

Jedem Menschen fällt hier vermutlich eine andere Liste ein.

Spielidee:
Jedem/r TeilnehmerIn wird auf dem Rücken ein Blatt Papier befestigt, auf dem jeweils ein Name aus der obigen Liste steht.
Die TeilnehmerInnen sollen ihren eigenen Namen durch Fragen herausfinden, auf die nur mit JA oder NEIN geantwortet werden darf. Anschließend sollen sich dann die berühmten Paare zusammenfinden.

Bei diesem Interaktionsspiel muß man natürlich aufstehen und herumlaufen.

Arbeitsmaterialien, Bücher, Medien

Vorbemerkungen

In diesem Kapitel kann natürlich nur ein Teil der zur Verfügung stehenden Quellen berücksichtigt werden.
Vielleicht haben Sie schon einiges Material zur Verfügung und können auch noch was anschaffen. Falls dies nicht der Fall sein sollte, helfen folgende Einrichtungen weiter:

- Didaktische Zentren, die üblicherweise mit Büchern und Unterrichtsmaterialien ausgestattet sind.

- Stadtbibliotheken etc.

- Veröffentlichungen der Gesundheitsministerien.

- Informationsmaterial und Bibliotheken von Pro Familia u.ä.

- Veröffentlichungen der Krankenkassen.

- Veröffentlichungen entsprechender Firmen.

Grundlagen für PädagogInnen

Bancroft, J.
Grundlagen und Probleme der menschlichen Sexualität. Enke, 1985.

Bleibtreu-Ehrenberg, Gisela
Homosexualität, die Geschichte eines Vorurteils. Fischer, 1978.

Boston Women Health Center:
Unser Körper - unser Leben, Bd. 1 und 2. Rowohlt, 1987.

Dietz, Linus J:
Sexualerziehung - aber wie. Prögel, 1985.
(Grundlegung, Unterrichtspraxis, Elternarbeit)

Enders-Dragässer/Fuchs:
Interaktion der Geschlechter. Sexismusstrukturen in der Schule. Juventa, 1989.

Enders, Ursula (Hg):
Zart war ich, bitter war's. Sexueller Mißbrauch an Mädchen und Jungen. Köln:
Volksblatt Verlag, 1990.

Fricke/Klotz/Paulich:
Sexualerziehung in der Praxis. Bund, 1980.

Grossman, Thomas:
Schwul - na und? Rowohlt, 1991.
(Homosexualität, Erwachsene/Jugendliche)

Kentler, Helmut:
Eltern lernen Sexualerziehung. Rowohlt, 1988.
(Auch für Pädagoginnen ein sehr informatives Buch).

Kluge, Norbert (Hg.):
Sexualerziehung statt Sexualaufklärung. Lang, 1985.

Kluge, Norbert:
Medien als Sexualaufklärer. Projekte, Probleme, Prognosen. Dipa, 1988.

Koch, F./Lutzmann, K. (Hg):
Stichwörter zur Sexualerziehung. Beltz, 1989.

Leyrer, Katja:
Hilfe! Mein Sohn wird ein Macker. Fischer, 1992.

Martial von, Ingbert:
Sexualerziehung in der Schule und Elternrecht. Lang, 1990.

Schnack, Dieter/Neutzling, Reiner:
Kleine Helden in Not. Jungen auf der Suche nach Männlichkeit. Rowohlt, 1990.

Pädagogisch-praktische Literatur

Baer, Ulrich:
Lernziel: Liebesfähigkeit, Bd. 1 und 2. Spiele und Materialien zum Thema Sexualität und Partnerschaft, Akademie Remscheid, 1989.

Biebrach/Reher-Juschka:
Blutrot. Was Menstruation bedeutet. Berlin: Donna Vita Verlag, 1992.

Braun, Gisela:
Ich sag' NEIN! Mülheim: Verlag an der Ruhr, 1989. (Arbeitsmaterialien gegen den sexuellen Mißbrauch an Mädchen und Jungen)

Braun, Gisela; Wolters, Dorothee:
Das große und das kleine Nein. Mülheim: Verlag an der Ruhr, 1991. (Bilderbuch für 3- bis 7jährige)

McBride/Fleischhauer-Hard:
Zeig mal! Weinheim, 1988. (Aufklärung, Fotobilderbuch)

Christiansen/Linde/Wendel:
Mädchen los! Mädchen macht! 100 und 1 Idee zur Mädchenarbeit. Votum Verlag, 1990.

Eichmanns, Claudia:
Freiarbeit Kartei Sexualerziehung (in Grundschule und Kindergarten).
Mülheim: Verlag an der Ruhr, 1990.

Kutzleb/Schmidt/Walczak/Weber:
Zeit für Zärtlichkeit. Spielerische Übungen für Liebe und Zärtlichkeit. 3. Auflage Peter Hammer Verlag, 1989.

Marburger, Helga/Sielert, Uwe:
Sexualerziehung in der Jugendarbeit. Frankfurt / Aarau 1980.

Phillips, Ina:
Körpersprache der Seele. Peter Hammer Verlag, 1989. (Übungen und Spiele zur Sexualität).

Bücher für Kinder

Arbeitskreis für Jugendliteratur e.V.:
Liebe - Sexualität - Partnerschaft. Bücher für junge Leute Arbeitskreis für Jugendliteratur e.V, 1988. (Literaturliste)

a) Bilderbücher
Asenio, Agusti:
Die Traumbäckerin. Boje Verlag, 1988.
(Ein wunderschön gezeichnetes Bilderbuch über Nana Bunilda und ihren Super-Alptraumsauger "Spezial", mit dem sie böse Träume einfach wegsaugt).

Bors, Marianne:
Rosa hat einen Freund. Die Geschichte einer Schweineliebe. Nord-Süd Verlag, 1989. (Dieses Buch ist allen Kindern gewidmet, damit sie nie vergessen, daß immer wieder viele Freunde auf sie warten.)

Brandenberg, Aliki:
Gefühle sind wie Farben. Beltz & Geldberg Verlag 1987

Braun, Gisela:
Das große und das kleine NEIN! Mülheim: Verlag an der Ruhr, 1991.

Cole, Babette:
Prinzessin Pfiffigunde.
Prinz Pfifferling. Beide im Carlsen Verlag, 1988. (Prinzessin Pfiffigunde hat keine Lust zum Heiraten und interpretiert den "Zauberkuß" für den Prinzen auf ihre Weise.)

Fagerström/Hansson:
Peter, Ida und Minimum. Otto Maier Ravensburg, 1979.(Das beste Bilderbuch zur Aufklärung im sozialen Kontext)

Furian, Martin:
Das Buch vom Liebhaben. Quelle/Meyer, 1983. (Aufklärung, Bilderbuch)

Knudsen, Per Holm:
Wie Vater und Mutter ein Kind bekommen. Ravensburger, 1989. (Aufklärung, Bilderbuch, Kinder)

Maar, Nele / Ballhaus, Verena:
Papa wohnt jetzt in der Heinrichstraße. Verlag Modus Vivendi, 1989. (Die Eltern von Bernd verstehen sich nicht mehr. Das Bilderbuch schildert die Konflikte in der Familie bis es zur Scheidung kommt - und wie Bernd lernt, in zwei Wohnungen zu Hause zu sein.)

Mebes, Marion:
Kein Anfassen auf Kommando. Donna Vita 1991. (Es geht um Gefühle, die durch Anfassen entstehen. Kleine Jungen und Mädchen werden bestärkt ihrem Gefühl zu trauen).

Mebes, Marion:
Kein Küßchen auf Kommando. Donna Vita 1991. (Es gibt Heileküsse, Pusteküsse und viele andere Küsse. Das Bilderbuch geht auf schöne Gefühle ein und solche, die komische Gefühle machen oder sogar weh tun).

Spieler, Renate/Hellwanger, Alexandra:
Millner und die Liebe. Picus Verlag 1987. (Kater Millner ist unglücklich in Minze verliebt - bis die Katze ihn anspricht und alles zum gutem Ende kommt. Ein Bilderbuch.)

Tost, Gita:
Wen, Do und der Dieb. Donna Vita Verlag, 1992.
(Die geliebte Seele der Prinzessin Do ist ein kleines goldenes Kugelrund. Doch eines Nachts wird ihr die Seele gestohlen. Verzweifelt begibt sie sich auf die Suche, findet eine Freundin und erobert mit deren Hilfe schließlich ihre Seele zurück.)

b) Kinder - und Jugendbücher

Mädchen dürfen stark sein, Jungen dürfen schwach sein. Rowohlt, 1985. (Geschlecht, Kinder)

Mädchenbuch - auch für Jungen. Rowohlt, 1988. (Geschlecht, Rolle, Jugend)

Bruckner, H. / Rathgeber, R.:
Total verknallt ... und keine Ahnung? Niedernhausen Falkenverlag, 1991. (Alles über Liebe, Sex und Zärtlichkeit)

Claesson, Bent:
Vom Lieben und Kinderkriegen. Verlag Neue Kritik, 1975 ff. (Sexualinformation für Kinder).

Claesson, Bent:
Sexualinformation für Jugendliche. Verlag Neue Kritik. (in Bibliotheken suchen).

Edelfeldt, Inger:
Jim im Spiegel. Ravensburger, 1989. (Homosexualität, Jugend)

Fagerström/Hanson:
Peter, Ida und Minimum. Ravensburger, 1979. (Aufklärung, Bilderbuch, Kinder/Erwachsene)

Gee/Meredith:
Wachsen und Erwachsenwerden. Otto Maier Ravensburg, 1987.

Grossman, Thomas:
Schwul - na und? Rowohlt, 1991. (Homosexualität, Erwachsene/Jugendliche)

Härtling, Peter:
Ben liebt Anna. Beltz, 1986. (Kinderliebe, Grundschüler, auch als Film)

Jankowiak, Günther:
I'ieehh, Küssen. Elefantenpress, 1989 (Eine Geschichte von Freundschaft, streiten, küssen, sich vertragen ...).

Krauch, Fränze/Kunstmann, Antje:
Mädchen. Das Aufklärungsbuch. Weismann Verlag, 3. Überarbeitete Auflage, München 1989

Mai, Manfred:
Vom Schmusen und Liebhaben. Loewe Verlag, 1991

Schneider/Rieger:
Das Aufklärungsbuch. Otto Maier Ravensburg, 1990.

Stein - Fischer, Evelyne:
13 Geschichten vom Liebhaben. dtv, 1990. (Liebe, Kinder/Jugend)

Tausch, Anne Marie:
Weinen, Wüten, Lachen. Ravensburger.

Filme/Theaterspiele/Medien

Peter Mayle;
Wo komm' ich eigentlich her? Video nach dem Kinderbuch von Thaddäus Troll,
Hoffmann & Campe, 1989. (Aufklärung, Zeichentrickfilm, Kinder)

Theater Rote Grütze:
Was heißt hier Liebe? Weismann Verlag, 1981. (Text des gleichnamigen Theaterstückes,
Materialien. Auch als Video erhältlich etc.)

Die ersten Lebenstage.
1983, 20', 16 mm, LFD + LBS. (Realaufnahmen zeigen die Phasen der menschlichen Entwicklung im Mutterleib. Bilder einer Geburt beenden die Darstellung. Auch für ältere Jugendliche und
Erwachsene) sehr gut geeignet.)

Kale Bakom;
Hinter dem Bretterzaun.
1984, 21', 16 mm, LFD. (Lustlos spielt der kleine Tom mit seinem Fußball im Hof des Miets-
hauses, in dem er wohnt. Im Hof steht ein hoher Bretterzaun, der die Hoffläche teilt. Ein Brett
fehlt, und durch die Lücke beobachtet ein Mädchen Tom beim Spielen. Sie ist ebenso allein wie
Tom. Er kommt auf die Idee, seinen Ball über den Zaun zu werfen.)

Was kostet die Welt?
1980, 16 mm, LFD. (Ein Film, der Angeberei und Mackertum bei Jungen kritisch und witzig
unter die Lupe nimmt. Birgit lernt im Schwimmbad Anton kennen. Sie ist von seiner Art beein-
druckt. Doch bald merkt sie, daß das, was er souverän erzählt, nicht der Wahrheit entspricht.
Sie beschließt, sich zu rächen. Auch für ältere Jugendliche gut geeignet.)

Abenteuer Gesundheit: Zweikampf.
1986, 15', Video, LBS. (Der Film vom NDR, Hamburg thematisiert die geschlechtspezifische
Abkapselung von Jungen und Mädchen zwischen 8-11 Jahren. Barbara besucht nach ihrem Um-
zug ihren alten Freund Harald. Doch sein Verhalten enttäuscht sie, da er ihre Anwesenheit igno-
riert und lieber mit Jungen spielt.)

Abenteuer Gesundheit: Die lange Nacht.
1986, 15', Video, LBS. (Die in der Pubertätsentwicklung entstehenden körperlichen Veränderungen können zu Außenseiterpositionen oder Überforderung führen. Zu einer Klasse, die sich
auf einem Landschulheimaufenthalt befindet, zählen zwei Mädchen mit einer abweichenden
Körperkonstitution: Jenne, ein hochaufgeschossenes Mädchen, und Agnes, die zu Körperfülle
neigt.)

Ben liebt Anna.
1980, 55', 16 mm, LFD. Die Geschichte einer Freundschaft zwischen Ben und dem Mädchen Anna, dem Kind einer Aussiedlerfamilie. Hörcassette: "Ich glaub', der Storch klap-
pert". 1. Teil für Kinder von 4-8 Jahren, 2. Teil für Kinder von 8-12 Jahren, 1989. Dino
Music GmbH, Bleichstraße 5,
6242 Kronenberg/Taunus

Endlich Sommer
Alexander Roesler - Norwegen 1986 - 45 Min. - Farbe. (Sommerferien in einer idyllischen
Kleinstadt in Norwegen! Zwei Freunde werden von zwei Schulkameradinen beim Nacktbaden
beobachtet. Das Interesse am anderen Geschlecht ist groß, und man schließt Freundschaft. Erste
unbeholfene wie unschuldige Zärtlichkeiten werden ausgetauscht.)

Aids - Was Du schon immer wissen wolltest!
Liller Moeller - Dänemark 1989 - 18 Min. - sw Animationsfilm. (Das komplexe Thema
Aids wird hier auf witzige Weise angegangen, vor allem auch die sich daraus ergebenden
praktischen Fragen.)

So kriegt man also Kinder!
Liller Moeller - Dänemark 1990 - 18 min. - Farbe -Animationsfilm.
(Ein paar Kinder reden über Erwachsene, die Liebe machen, und wie merkwürdig sie sich dabei
benehmen. Die Kinder erzählen sich ihre unterschiedlichen Beobachtungen und erfahren, daß
Frauen Menstruation bekommen und Männer eine Erektion, wenn sie Liebe machen wollen, und
wie ein Kind geboren wird.)

Darüber spricht man nicht!!
Theater Rote Grütze: Weismann Verlag, München, 1984. (Auch als Video erhältlich)

Plakate

"Nein"; "Dein Körper gehört Dir"; "Schöne Gefühle, blöde Gefühle". 3 Din A 1, Plakate.
Zartbitter e.V. Köln: Volksblatt-Verlag, 1991.

Einige Adressen

Materialien über den Versand.
Es gibt in der Bundesrepublik zwei Versender, die sich auf den Versand sexualpäda-
gogischer Medien und Materialien spezialisiert haben:

> PRO FAMILIA Vertriebsgesellschaft
> Niddastraße. 76
> 6000 Frankfurt 1
> Tel.: 069 / 25930

Hier gibt es von Filmen zur Sexualerziehung bis zu Verhütungsmitteln und von Büchern
bis zu Modellen der Geschlechtsorgane ein breites Angebot. Ein Katalog erscheint jähr-
lich zweimal. Unter o.g. Adresse hat die Vertriebsgesellschaft auch einen kleinen Laden,
wo das gesamte Angebot vorrätig ist und direkt gekauft werden kann.

Donna Vita
Dort gibt es viele sexualpädagogische Materialien, vor allem Bücher. Der Schwerpunkt
bei diesem Verlag und Versand liegt auf den Materialien gegen den sexuellen Mißbrauch von Kindern und Jugendlichen. Katalog kann (gegen kleine Schutzgebühr) ange-
fordert werden:

> DONNA VITA   DONNA VITA
> Marion Mebes   Fachhandel
> Postfach 610117   Ruhnmark 11
> 1000 Berlin 61   2395 Maasbüll
> Tel.: 030/692 9882 Tel.: 04634/1717

☐ **Sexualerziehung**

Die Freiarbeit erlaubt ein individuelles und differenziertes Eingehen auf die Probleme und Interessen von SchülerInnen. Gerade deshalb ist sie ganz besonders geeignet für die Sexualerziehung.
Diese Arbeitsmaterialien, wie z.B. Kartei, Kreuzworträtsel, Spiele, schaffen eine solide Grundlage für eine offene und intensive Zusammenarbeit mit den SchülerInnen. Sexualerziehung braucht aber auch die Mitarbeit der Eltern. Deshalb beinhaltet die Kartei Materialien, mit deren Hilfe Hemmschwellen, Ängste und Beklommenheit bei einem Elternabend auf spielerische Weise aus dem Weg geräumt werden können.
Bis Klasse 6, mit Spielplan A2, 64 S.
29.00 DM

☐ **Ich sag' NEIN!**

Arbeitsmaterialien gegen den sexuellen Mißbrauch an Mädchen und Jungen

Unsere Arbeitsmaterialien für Kindergarten und Grundschule geben einführend grundlegende Informationen und Anleitungen zu diesem schwierigen Thema, bevor über Spiele, Lieder, Geschichten, Gedichte Wege aufgezeigt werden, die Kinder im Sinne einer präventiven Erziehung zu ermutigen, JA zu sich selbst zu sagen, Gefühle zu äußern, schlechte Geheimnisse von guten unterscheiden zu können und vor allem NEIN zu sagen, wenn IHNEN danach ist.
Für Kindergarten, Grund- und Sonderschule, 72 S., viele Arbeitsblätter,
7. überarb. u. aktual. Aufl.   25.00 DM

☐ **Bildkarten Körperteile**

Auf 32 farbigen Fotokarten werden Teile des Körpers von zwei Kindern vorgestellt. Mit Hinweisen zum Einsatz der Kartei.
Ab 3 Jahre, LDA, 32 farb. Fotokarten, 12,5 x 11 cm,   24.00 DM

☐ **Mach Dir selbst ein Bild**

Bildkartei zur Sozial- und Sexualerziehung von Lernbehinderten

Die Kartei kann sehr flexibel als Kurs, bei Problemen oder mit anderen Materialien zusammen eingesetzt werden. Entwickelt wurde sie für Jugendliche und Erwachsene mit (schweren) Lernschwierigkeiten, trotzdem kann sie natürlich auch in der "normalen" Bildungsarbeit benutzt werden. Die Kartei besteht aus 176 direkten und deutlichen Strichzeichnungen (A5) und 12 Farbfotokarten für Situationen und Lebensbereiche. Bei den Zeichnungen geht es um folgende Themen: Heranwachsen, weiblicher und männlicher Körper, öffentlich und privat, situationsadäquates Verhalten, Beziehungen knüpfen, sexuell werden, Kondom benutzen, auf eine öffentliche Toilette gehen, masturbieren. Eine kurze Einführung zeigt Wege und Ideen wie man mit dieser Mappe arbeiten kann. Für Schulen, Heime, die ambulante Arbeit, Wohngruppen und die individuelle Betreuung. **Ordner, ca. 100 S. + 12 Farbfotos A5   39.80 DM**

☐ **Das große und das kleine NEIN**

"Wir Kinder haben's manchmal ganz schön schwer mit den Erwachsenen!
Sie Fragen, ob sie irgendetwas dürfen, du sagst höflich und leise NEIN, und was passiert ...? Sie hören gar nicht hin und machen es trotzdem. Da mußt du schon mal deutlich werden. Ich war sogar richtig laut, und das hat prima geklappt." **Ein vierfarbiges Kinderbuch, 20 S. + 4 S. Hinweise für Erwachsene, 23,65 x 16,5 cm,   9.80 DM**

☐ **So wachsen Tiere und Pflanzen**

Wunderschöne Hochglanzphotos im Format A5, die die verschiedenen Entwicklungsstufen von der Geburt bis zum ausgewachsenen Stadium zeigen: Apfelbaum (7 Fotos), Schmetterling (10 Fotos), Frosch (8 Fotos), Huhn (8 Fotos), Maus (7 Fotos). Insgesamt 40 Fotos mit kleinem Begleitheft. In stabilem Pappschuber.
LDA, erscheint voraussichtlich Herbst 92
59.80 DM

☐ **Ich + Meine Sinne**

Sich selber, Körper und Sinne mittels kleinerer Aktivitäten und Versuche kennenlernen und wahrnehmen: Auf den 40 Karteikarten (als Freiarbeitskartei ideal!) werden die Kinder schon durch die klaren Zeichnungen dazu angeregt, der Text ist einfach und schon für Leseanfänger verständlich.
Ab Klasse 2, mit Lehrerinfo   26.00 DM

☐ **Wo komme ich eigentlich her?**

Ein Aufklärungsvideofilm für Kinder

Ein Zeichentrickfilm für Kinder von 5 bis 9 Jahren nach dem gleichnamigen Buch von Dr. Thaddäus Troll. Der Film zeigt lustig und liebevoll, woher die Kinder kommen, und wie Mann und Frau sie machen. Alles wird benannt, der Klapperstorch verbannt.
Profamilia-Vertrieb, Video 30 min., Farbe, VHS,   49.00 DM

Schulpraxis

Verlag an der Ruhr

✉ Alexanderstr. 54, Postf. 10 22 51,
4330 Mülheim an der Ruhr,
✆ Tel.: 0208/495040,
Fax: 4950495

Dies ist nur ein Teil unseres Programms
☐ Bitte senden Sie mir kostenlos Ihr Gesamt-Verzeichnis 1992.
Hiermit bestelle ich die/den oben angekreuzten Titel.

Name: _____

Adresse: _____

( ) _____

Datum: _____ Unterschrift: _____